I AM DOER!

———————————

_____의 워크숍

**5 Days Workshop**

READ 2 DO

진짜 좋아하는 일을 찾는

# 나와의 워크숍

김해리 지음

NAME :

| | |
|---|---|
| ① DAY | |
| ② DAY | |
| ③ DAY | |
| ④ DAY | |
| ⑤ DAY | |

I CAN DO ANYTHING!

"나는 어떤 일을 하고 싶은 걸까?"

"나는 어떻게 살고 싶은 걸까?"

고민하는 당신을
'나와의 워크숍'에 초대합니다.
5일의 여정을 함께하고 나면
앞으로 무엇을 하며
어떻게 살아갈지 방향을 세울 수 있을 거예요.

## 먼저 실행해본 두어의 목소리

**S DOER**  내 커리어에 대해 혼자 고민할 때가 많은데 그때마다 갈피도 안 잡히고 솔직해지지 못했어요. 오늘은 툴키트가 있어 내 자신을 돌아볼 수 있었습니다. 내가 지금까지 중요하게 생각하지 않던 것이 사실 강점이란 사실을 발견해 뿌듯하기도 해요. 책이 나오면 팀원들과도 함께 채워보고 싶어요.

**M DOER**  한번도 고려해보지 않은 관점에서 '나의 일'과 '일하는 나'를 살필 수 있어 좋았습니다. 책 나오면 사서 종종 체크해보려고요!

**H DOER**  모두가 한 번쯤 해볼 만한 고민이지만 실질적으로 디벨롭하기는 쉽지 않은 주제라고 생각합니다. 그런 주제에 시스템화된 가이드가 주어져서 좋았습니다. 무엇보다 이건 아직 초안일 뿐이라는 김해리 기획자님 말씀이 마음에 남았어요. 그날 고민했던 내용을 앞으로도 종종 들여다볼 것 같아요.

**J DOER**  지금 자리에 앉아 워크샵 회고 및 아이디에이션 하고 있어요. 어지간한 일들은 두 번 볼 여유가 없는데, 다시 그날의 아이디어와 러프한 방향들을 떠올리니 허무맹랑한 생각이었다 하더라도 길이 보이는 것 같아 의지가 되네요. '일과 미래계획'을 생각하는 게 겁났는데 마음의 긴장이 풀리고 열리는 느낌이었어요.

**D DOER**  워크숍의 플로우가 너무 좋았어요. 단계별로, 점진적으로 나의 일을 파헤쳐나가는 느낌이라 좋았고, 그 과정에서 새롭게 발견한 것들이 많았어요. 단계마다 다른 분들과 각자의 내용, 의견을 나눌 수 있어서 좋았어요.

**S DOER**  좋았습니다. 내가 누군지도 잘 모르겠고 제가 선택한 일에 확신이 없을 때가 많았는데 저를 조금 더 알게 되는 시간이었습니다.

출간 전 진행된 나와의 워크숍에 참여해주신 두어 님들의 소감을 담았습니다. 책의 모든 툴키트를 미리 채워보며, 느낀 점과 개선점을 솔직하게 남겨주신 두어 님들 감사합니다!

## 나와의 워크숍 시작하기

### 좋아하는 일을 찾고 싶은 당신에게

'나와의 워크숍'에 참여하기로 결심한 여러분, 어서 오세요. 요즘 어떤 고민을 하고 있는지 궁금해요. "아무래도 퇴사를 해야겠어. 그런데 회사 바깥에서 난 무슨 일을 할 수 있지?"라는 생각으로 이 책을 찾았을 수도 있고, "일을 한 지 10년이나 되었는데… 내 전문성은 도대체 뭘까?" 하는 고민을 하고 있을 수도 있어요. "좋아하는 일을 하면서 살고 싶은데, 나는 정확하게 뭘 좋아하는 거지?"하는 혼란을 느끼고 있을 수도 있겠죠. 어떤 종류의 고민이든 '나와의 워크숍'을 하겠다고 결정한 것만으로도 정말 멋지다고 생각해요. '나'를 직면하겠다고 마음먹는 건, 큰 용기가 필요한 일이거든요.

저 역시 '일'에 대한 고민이 참 많았어요. (지금도 그렇고요.) "내가 진짜 좋아하는 일을 찾아보겠어"라며 회사에서 나와 독립적으로 일하면서 다양한 일을 경험했는데요. 오히려 혼란스러워지더라고요. 일을 하다보면 다양한 말을 듣게 되잖아요. 무엇이 맞는 말인지, 나는 어디로 가야 하는지 어지러웠어요.

주변의 말들에 이리저리 휘둘리던 어느 날, '더 이상 이래서는 안 되겠다'는 결연한 마음으로 책상 앞에 앉았습니다. '도대체 내가 뭐 하는 사람인지, 내가 먼저 알아야겠어'라는 마음이었달까요. 문을 꼭 닫고, 커튼을 치고, 스탠드를 켰어요.

먼 미래를 바라보느라 '해왔던 일'과 '지금의 나'를 정확하게 바라보고 있지 않다는 사실을 알게 됐어요. 내가 진짜 열심히 했던 일은 뭘까? 내가 시간을 쓰고 싶은 일은 뭐지? 남들이 잘 모르더라도 나에게만은 중요했던 게 뭐지? 스스로와 대화하면서 힌트를 발견하는 과정은 묘하게 치유적이었고, 어떤 날은 책상 위에 엎드려 엉엉 울기도 했답니다.

그렇게 '나와의 워크숍'을 반복하면서 알게 된 것이 있어요. 스스로와 대화하면서 내리는 작은 결정이 중요한 선택의 순간에 기준이 되어주고, 나만의 색깔을 만들어준다는 것이요. 저는 '나다운 방식'으로 일을 만들어가는 재미에 빠져들기 시작했습니다. 남들의 말이나 시선에 따라 결정하는 게 아니라, 나만의 기준으로 내 일을 스스로 만들어간다는 감각이 좋았어요.

그래서 벌써 몇 년째 '나와의 워크숍'을 주기적으로 하고 있습니다. 특히, 12월은 저만의 페스티벌이에요. 좋아하는 음악을 틀고, 한 해의 일을 돌아보며 저 아래 숨어 있는 '나'의 목소리를 듣기 위해 노력해요. 그리고 그걸 구체적인 언어로 건져올려 '이거였구나'라며 스스로의 마음을 읽어주는 거예요.

이 경험을 나누고 싶어 다양한 사람들과 일에 대해 대화하고 정리하는 워크숍을 오랫동안 진행해왔어요. 이 책에 수록된 툴키트와 이야기는 그 과정에서 만들어진 것들입니다. 밀도 있는 경험을 위해 늘 소수의 사람들과 진행할 수밖에 없었던 이 작업을, 더 많은 분들과 나눌 수 있다고 생각하니 무척 설렙니다.

'나와의 워크숍'을 시작하려 하는 여러분께 미리 당부하고 싶은 말이 있어요. 내 일을 돌아보는 작업이 처음인 분은 하면서 만족스럽지 않은 기분을 느낄 수도 있어요. 너무 괴롭고, 이 작업을 잘해내지 못하는 스스로가 답답하게 느껴질지도 모릅니다.

저는 이 책에 수록한 툴키트를 활용해 몇 년 동안 다양한 사람들과 일에 대한 이야기를 나누었어요. 그중에서는 처음 해보는 생각때문에 힘들고 버거워 몸까지 아파오고, 워크숍을 중도 포기할 수밖에 없었던 분도 있었어요. 그 경험이 너무 속상해서 툴키트를 보이지 않게 접어 파일에 끼워두었다고 해요. 몇 년이 흐르고, 그분과 만나 이야기를 나누던 중 종이를 같이 펼쳐 보았어요. 떠오르는 생각을 두서없이 끄적인 흔적들이 곳곳에 보였죠. 문장마다 물음표도 많이 붙어 있었고요. 그런데 신기하게도, 지금 하고 있는 일이 그때의 메모와 크게 다르지 않다는 걸 발견하게 됐어요.

"해리님, 진짜 신기해요. 이때랑 지금이랑 똑같네요. 저는 늘 같은 이야기를 하고 있었어요."

그때는 '딱 떨어지게 정리하지 못했다'고, '나도 나를 잘 모르는 것 같다'고 스스로를 답답해했지만 사실은 알고 있었던 거예요. 내가 어떤 사람인지. 나에겐 무엇이 중요하고 어느 방향으로 나아가고 싶은지. 그리고 나도 모르게 내가 원하는 방향으로 걷게 된 거죠. 그때 저도 다시 한번 확인하게 된 것 같아요. 나만의 일을 만들기 위한 힌트는 모두 내 안에 있다는 것. 나의 이야기가 충분히 풀어져 나올 수 있도록 꺼내는 연습을 계속하고, 때로는 기다려주기도 해야 한다는 사실을요.

워크숍을 시작하기 전에는 이 워크숍만 하면 한 번에 결과물이 정리되기를 기대하지만, 현실은 그렇지 않죠. 엉켜 있던 생각의 실타래를 풀어내기까지는 절대적인 시간이 필요해요. 오늘은 '시작'에 불과합니다. 정리되지 않은 생각이라도 괜찮고, 멋들어진 언어가 아니어도 괜찮습니다. 중요한 건 솔직한 나의 생각을 꺼내서 직접 보는 거예요. 거칠어도 좋으니 최대한 솔직하게, 여러분의 이야기를 꺼내보세요. 그리고 그 이야기를 바라봐주세요. 그것으로부터 모든 것이 시작됩니다.

2024년 봄

김해리

# CONTENTS

나와의 워크숍 시작하기      008
좋아하는 일을 찾고 싶은 당신에게

## ① DAY    회고 : 나를 중심으로 일 다시 쓰기

***1.*** 경험의 감정 그래프 그리기      026
나는 어떤 일을 좋아하고, 싫어할까?

***2.*** 일 시즌 나누기      034
내 인생이 넷플릭스 드라마라면 지금은 몇 번째 시즌일까?

DO MYSELF      045

## ② DAY    의미화 : 내 일의 의미 찾기

***1.*** 나의 대표 프로젝트 고르기      054
나에게 가장 의미 있는 일은 무엇일까?

***2.*** 프로젝트별로 회고하기      062
나는 어떤 일을 했고, 무엇에 집중했나?

DO MYSELF      077

# ③ DAY    수집과 정리 : 나다운 방향성 결정하기

### *1.* 아홉 가지 질문으로 내 일의 키워드 수집하기    090

*Keep*    094

내가 오랫동안 시간을 써온 것, 이미 가지고 있는 좋은 것을 발전하게 하는 질문들

*Problem*    104

내가 강점으로 키워보고 싶은 것, 차별화하고 싶은 특징을 발견하게 하는 질문들

*Try*    114

내가 꿈꾸는 것, 시간이 오래 걸리더라도
이루고 싶은 지향점을 발견하게 하는 질문들

### *2.* 키워드를 바탕으로 방향성 정리하기    122
내가 유지할 것, 과감하게 버릴 것, 새롭게 시도할 것은 무엇일까?

### *3.* 나의 본질 정의하기    130
나는 나를 어떤 사람이라 믿으며 일할까?

DO MYSELF    139

## ④ DAY  연결과 마감 : 나의 일 확장하기

***1.*** 나와 연결되고 있는 사람들 확인하기     154
나는 누구와 어떻게 연결되고 싶을까?

***2.*** 내 일의 가치 파악하기     162
나는 어떤 문제를 어떻게 풀어주고 있을까?

***3.*** 나의 일 선언하기     174
나의 일을 한 문장으로 정의해 보기

DO MYSELF     185


## ⑤ DAY  기획 : 앞으로의 6개월 계획하기

***1.*** 6개월 후의 '나' 상상하기     196
6개월 후, 나는 어떤 모습으로 일하고 있을까?

***2.*** 내 일의 테마 기획하기     204
다음 6개월, 일하는 나는 어떤 장면들을 만들게 될까?

***3.*** 핵심 메시지 설정하기     210
'나'를 어떤 존재로 믿고 사람들에게 각인시킬 것인가?

**4** 우선순위 결정하기     216
6개월 동안 나는 어디에 에너지를 집중해야 할까?

**5** 실행 프로젝트 기획하기     224
6개월 동안 반드시 실행할 나만의 프로젝트는 무엇일까?

**6** 나만의 성공 지표 만들기     232
나는 어떤 순간을 '성공'이라 이름 지을 것인가?

DO MYSELF     239


나와의 워크숍 마치기     254
나다운 일의 방식을 찾기 위하여


( + ) EXAMPLE     259
툴키트, 이렇게 써봤어요

이렇게 따라해보세요

 이 책은 두어 님들이 직접 채워야 완성됩니다. '나다운 일'을 발견하기 위한 여정, 이렇게 따라해보세요.

## ① 오늘의 툴키트를 만나볼까요? - HOW TO DO

우리가 채워갈 툴키트의 샘플을 살펴봅니다. 나는 오늘 어떤 물음에 답하며 '나'를 정의하게 될까요? 아직 무엇을 써야 할지 모르겠다고요? 각각의 칸을 어떻게 채워야 할지 꼼꼼한 설명서를 첨부해두었으니 걱정하지 않아도 됩니다. 실제 워크숍에 온 것처럼 작성 팁을 하나하나 알려드릴 거예요.

## ② 어떤 이야기가 숨어 있냐면요 - ESSAY

다른 사람들은 툴키트의 질문 앞에서 어떤 고민을 했을까요? 에세이를 읽듯 편안한 마음으로 오늘의 질문을 살펴봅니다. 김해리 작가님이 '나다운 일'을 찾기까지 던진 질문들, 고민과 탐색의 과정들, 그리고 워크숍을 진행하며 만난 다양한 사람들의 이야기를 만날 수 있어요.

한 페이지씩 따라가다 보면 내가 해온 일을 회고하고, 내가 좋아하는 일을 발견하게 됩니다. 책을 덮을 때는 앞으로의 6개월을 기획하는 데까지 다다를 수 있을거에요.

### ③ 자! 이제 직접 채워봅니다 - DO MYSELF

마음속으로 정리한 나의 생각들을 종이 위에 풀어놓을 시간입니다. 눈치보지 말고, 나의 말들로 내 일 이야기를 자유롭게 적어보세요.
실제 워크숍처럼 집중할 수 있도록 QR 코드로 '리얼타임 영상'을 수록했어요. 각각의 툴키트 작성 시간만큼 영상이 재생되기 때문에 타이머처럼 활용할 수 있고, 중간중간 작가님의 음성으로 집중력도 높일 수 있답니다.

### ⚠ 두어 님을 위한 특별 부록

책 속 툴키트를 다 채웠는데, 워크숍을 한 번 더 해보고 싶을 수 있겠죠? 3개월, 6개월, 1년 후에도 나와의 워크숍을 다시 진행할 수 있도록 툴키트 PDF 파일을 제공합니다.
오른쪽 QR 코드를 통해 PDF 파일을 다운로드할 수 있습니다.

* 툴키트의 무단 배포 및 상업적 활용을 금지합니다.

## 워크숍에 임하는 우리의 자세

✔ 일단 무엇이든 써야 발견할 수 있다는 사실을 기억합니다. 이 워크숍은 수많은 '초안'을 쓰는 과정입니다. 완벽하게 정리된 답을 써야 한다는 강박을 내려놓고 이건가? 저건가? 아닌가? 떠오르는 모든 '과정'의 생각을 일단 메모합니다. 쓰는 과정에서 '나'에 대해 알게 됩니다.

✔ 나의 일은 '찾는' 것이 아니라 '만들어가는' 것이라 믿습니다. 나에게 의미 있게 다가왔던 것은 무엇이든 '일'이 될 수 있다는 마음으로 상상력을 발휘합니다.

✔ 나에 대한 힌트는 모두 내 안에 있다는 사실을 기억합니다. 나의 일 속에서 내가 느낀 감정과 깨달음, 사소한 아이디어까지 그냥 지나치지 않고 찬찬히 살펴보고 눈 맞춰줍니다.

✔ '나만의 일'은 내가 해왔던 일 속에서 발견된다는 생각으로, 나의 지난 경험들을 다르게 바라봅니다. 사소하고 당연하게 여겼던 나의 일이 정확하게 어떤 일이었는지, 어떤 태도로 일했고, 무엇을 잘하려 애썼으며, 어떤 시도들을 했는지 관찰합니다.

✔ 나의 일을 솔직하게 직면하되 냉정하게 평가하지 않습니다. 적어도 나만큼은 내 편이 되어, 다정하고 호기심 어린 눈빛으로 나의 '일'을 대해줍니다.

✔ 막연한 질문, 답답한 마음, 찌질한 감정도 검열하지 않고 최대한 솔직하게 기록합니다. 솔직한 기록이 미래의 나에게 가장 큰 힌트가 되어준다는 사실을 믿으며 나아갑니다.

 READ & DO WORKSHOP

DATE:

 DAY

CONTENTS:

회고 : 나를 중심으로 일 다시 쓰기

# HOW TO DO 1

경험의 감정 그래프 그리기

# HOW TO DO 2

일 시즌 나누기

'나와의 워크숍'을 시작하는 여러분, 환영합니다. 1일 차인 오늘은 '나'를 중심으로 지난 일 경험을 돌아보는 날입니다. 나의 일에 대해 이야기할 때면 진짜 '나'의 관점보다 외부의 기준에 의지하기 쉬워요. 다른 사람들이 하는 말이나 평가에 흔들리는 일이 많죠. 오늘은 바깥으로 쏠려 있는 시선을 내 안으로 돌려, 나 자신과 진솔한 대화를 나눠볼 거예요. 남들에게 보여주기 위한 일이 아닌 진짜 내가 좋아하는 일을 찾기 위한 워크숍, 지금부터 시작할게요. 솔직한 '나'의 목소리를 들어줄 준비되셨나요?

READ 그리고 DO WORKSHOP

# HOW TO DO
# 1

경험의 감정 그래프 그리기

나는 어떤 일을 좋아하고, 싫어할까?

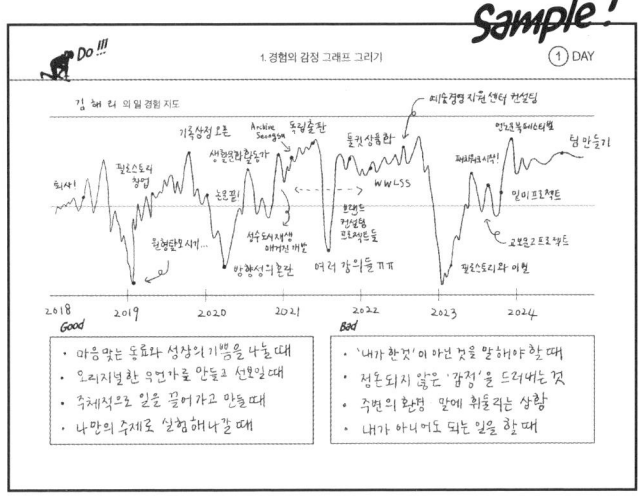

## 일 경험 지도

당신의 '일'은 언제부터 시작되었나요? 나의 커리어가 시작된 순간부터 지금까지의 시간을 1년 단위로 적어보세요. (2018, 2019, 2020…) 칸이 모자란다면 칸을 작게 쪼개서 기록해도 좋습니다. 처음에는 이렇게 내 커리어 전체를 살펴보고, 이후에는 최근 3개월, 6개월의 시간을 회고해보는 것도 추천해요. 실제로 저는 이 툴을 활용

해 6개월, 1년 단위로 회고를 합니다.

해당 기간 중 나에게 '일'의 관점에서 가장 의미 있었던 순간들을 떠올려보세요. '의미 있었던 순간'이란 꼭 좋았던 경험만 뜻하는 것은 아닙니다. 힘들고 어려웠던 순간도 내게 의미를 남겼다면 모두 포함합니다. '이직'이나 '취업', '퇴사' 등 굵직한 사건들부터 '동료들을 위한 송년회를 기획했던 일', '블로그에 꾸준히 기록했던 일' 등 지극히 사소하고 작은 순간들까지 모두 가능합니다.

이 그래프의 가장 중요한 점은 나의 '감정'을 기준으로 점을 찍는 것입니다. 내가 긍정적인 감정을 느꼈던 순간은 그래프 중심선의 위쪽에, 상대적으로 그렇지 않았던 순간은 아래쪽에 표시합니다. 어떤 일이 있었는지 잘 떠오르지 않는다면 캘린더나 휴대폰 사진첩, 일기장을 보며 적어도 좋습니다.

점을 다 표시했다면 점과 점 사이를 선으로 이으며 해당 기간 동안 내 감정의 파동을 자유롭게 표현해봅니다.

Good Point / Bad Point

그래프를 완성했다면 한번 살펴보세요. 내 감정의 그래프는 언제 가장 높고 또 언제 가장 낮은가요? 긍정적으로 일했던 순간들의 공통점을 'Good Point'에 기록해보세요. 그렇지 않았던 순간들의 특징은 'Bad Point'에 적습니다. 나는 어떤 일을 좋아하고 어떤 일을 싫어하나요? 내가 좋아하는 일들의 공통점은 무엇인가요? 나는 어떤 순간에 부정적인 감정을 느끼나요? 스스로에 대한 힌트를 발견해보세요.

나는 어떤 일을 좋아하고, 싫어할까?


일에 대해 이야기할 때면 이상하게도 나보다는 남을 신경쓰게 됩니다. 이름값, 성과, 매출, 반응… 그런 외부의 기준을 중심으로 말할 때가 많은 것도 그 때문이겠죠. 문제는 스스로도 그 틀에 갇히기 쉽다는 겁니다. 그래서 저는 '일'에 대한 시선을 바깥이 아닌 내 안으로 돌려놓는 작업에 관심이 많습니다. 의식하지 않으면 자꾸만 타인의 시선으로 스스로의 일을 평가하게 되거든요. 누군가의 시선과 무관하게 진짜 내가 좋아하고 싫어하는 것을 알고 싶지 않으신가요?

제가 감정을 기준으로 일 그래프를 그리게 된 것도 그 때문이었어요. 지난 일 경험을 돌아볼 때면 소속되어 있던 조직이나 맡았던 업무를 기준으로 나열하기 쉬운데요. (특히 이력서의 경우는 늘 이렇게 쓰게 되죠.) 나의 '감정'을 기준으로 놓고 스스로와 대화해보면 조금 다른 느낌이 듭니다. 내가 가장 신나고 긍정적이었던 때는 언제지? 반면 어떤 일을 할 때 축축 처지고 가라앉았지? 자신에게 물어보면서 그래프를 그리는 겁니다.

그래프를 그릴 때는 먼저 돌아보고 싶은 시간의 덩어리를 정합니다. 저의 경우 처음에는 거의 10년 치를 그렸고요. 그다음부터는 주로 6개월, 1년 주기로 일 경험을 회고하고 있어요. 감정을 기준으로 좋았던 순간은 위에, 상대적으로 좋지 않았던 일 경험은 아래에 점을 찍습니다. 점과 점을 선으로 연결하되, 그 사이 감정의 파동도 자유롭게 표현하면 더 재미있습니다. 무난했던 시기는 직선에 가까운 완만한 선으로, 여러 감정을 넘나들었던 시기는 격렬하게 요동치는 선으로 표현하는 거예요. 그래프를 다 그린 후에는 높은 곳에 찍힌 점들의 공통점을 'Good Point'에, 낮은 곳에 찍힌 점들의 공통점을 'Bad Point'에 기록해봅니다.

이렇게 기록하다 보면 알게 됩니다. 세상이 말하는 '성공적인 결과'를 만들어낸 일이 꼭 저에게 좋은 일은 아니라는 것을요. 반대의 경우도 그렇습니다. 좋은 평가를 받지 못한 일이라고 해도, 하다가 어그러진 일이라고 해도, 내 기준에서는 '인생의 프로젝트'인 것도 있거든요. 처음 이 그래프를 그려 눈앞에 펼쳐보았을 때 신기한 마음이 들었습니다. '나'를 중심으로 일의 경험이 재편되는 느낌이었어요.

그래프를 그리는 것보다 더 중요한 건 이 그래프를 통해 나를 들여다보는 것입니다. '아, 나는 확실히 이런 일을 좋아하는구나', '내가 좋아하거나 싫어하는 일들 사이엔 이런 공통점이 있었네', '역시, 이때 마음이 힘들었는데 나는 이런 종류의 일을 어려워하는구나' 이처럼 스스로에 대한 힌트를 적극적으로 발견해보세요.

'싫은 것', '나쁜 것', '불편한 것'을 분명하고도 구체적으로 정의하고 하나씩 제거해나가면 삶은 어느 순간 좋아져 있다. '나쁜 것'이 분명해야 그것을 제거할 용기와 능력도 생기는 것이다. '나쁜 것'이 막연하니 그저 참고 견디는 것이다. 그러나 무조건 참고 견딘다고 저절로 행복해지는 것은 아니다. 내 스스로 아주 구체적으로 애쓰지 않으면 '좋은 삶'은 결코 오지 않는다. 아무도 내 행복이나 기분 따위에는 관심 없기 때문이다.

김정운, 『바닷가 작업실에서는 전혀 다른 시간이 흐른다』, 21세기북스

특히 '좋은 것'뿐 아니라 '싫은 것'을 함께 살펴보는 일이 더 도움이 됩니다. 내가 좋아하지 않는 일, 반복하고 싶지 않은 것을 구체적으로 정의하고 나면 그것을 그만둘 용기가 생기기도 하거든요. 그렇기 때문에 그래프를 그릴 땐 최대한 솔직하고 시시콜콜해야 합니다.

READ & DO WORKSHOP

# HOW TO DO
# 2

일 시즌 나누기

내 인생이 넷플릭스 드라마라면 지금은 몇 번째 시즌일까?

---

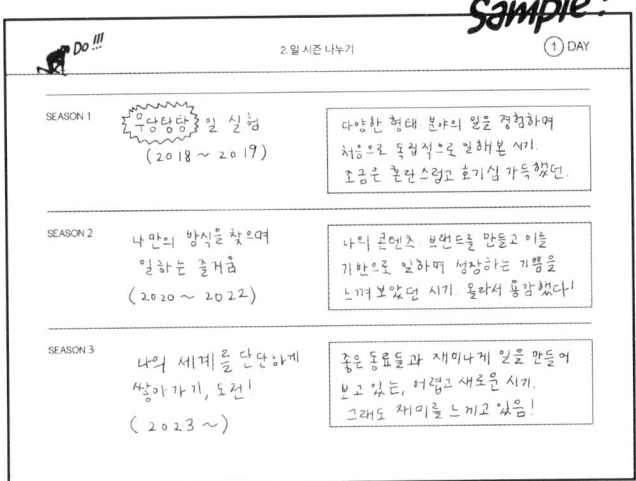

## 나의 일 시즌 구분하기

감정 그래프로 정리했던 나의 지난 경험을 오로지 '내 기준으로' 분류하여 세 개의 시즌으로 나누어보세요. 취업 시점이나 이직 시점 등 객관적인 기준이 아니어도 괜찮고, 시즌마다 기간이 달라도 괜찮습니다. 어떤 시즌은 8년 치일 수도 있고, 어떤 시즌은 3개월 치일 수도 있어요.

시즌 타이틀 정하기

내게 일어난 변화, 경험의 속성 등 오로지 나만이 알 수 있는 단서를 기준 삼아 시즌에 '타이틀'을 붙여보세요. 타이틀은 그 시기를 상징하는 키워드로 붙여도 좋고, 그 시기에 내가 스스로에게 던졌던 질문으로 설정해도 좋습니다. 내가 좋아하는 방식으로 이름을 붙여보세요.

시즌 스토리 쓰기

각 시즌에 그렇게 이름 붙인 이유는 무엇인가요? 메모 칸에 각 시즌의 의미를 해설하듯 적어보거나, 그 시기에 내가 했던 일들을 리스트처럼 작성해보세요. 세상의 기준이 아닌 '나'를 중심으로 지난 일 경험이 재편되는 감각을 느낄 수 있을 거예요.

내 인생이 넷플릭스 드라마라면
지금은 몇 번째 시즌일까?




　국립극장을 비롯한 여러 극장들은 매년 시즌제로 프로그램 라인업을 발표합니다. 시즌이 발표되면 두근두근한 마음으로 한 해의 관극 계획을 잡죠. 우리가 자주 보는 드라마도 시즌제로 운영되는 경우가 많습니다. 저 역시 넷플릭스를 구독하기 시작하면서 '시즌제 드라마'의 재미에 홀딱 빠졌는데요. 시즌마다 나름의 테마가 있다는 것을 알고 계셨나요? 이전 시즌의 이야기와 이어지면서도 다른, 고유의 테마가 있다는 점이 흥미롭게 느껴졌습니다. 테마를 암시하는 포스터를 보는 것도 재미있어요. 그렇게 한 시즌을 '몰아보기' 한 후면, 다음 시즌은 언제 나올까, 손꼽아 기다리게 돼요.

그런데 어느 날 그런 생각이 들더라고요. 내 인생이 '넷플릭스 드라마'라면, 나는 지금 어떤 시즌을 지나고 있을까? 그래서 제가 지나온 길을 시즌으로 나누어봤어요. 대기업에 취직할 거라는 주변의 기대를 뒤엎고 돌연 예술학교에 진학해 예술경영을 공부하며 예술계에서 커리어를 시작했던 '시즌 1', PR회사에서 브랜드 커뮤니케이션을 기획하고 컨설팅하던 '시즌 2', 퇴사 후 어디에도 소속되지 않은 채 다양한 사이드 프로젝트를 벌이고 창업을 하고 N잡을 하며 '일'에 대한 실험을 했던 '시즌 3'….

처음으로 일 시즌 나누기 작업을 했던 2020년, '약 2~3년 주기로 새로운 일이 벌어지는 것을 보니 조만간 시즌 4가 시작되지 않을까' 생각했는데요. 그 뒤로 3년이 지난 지금 '역시나' 또 하나의 시즌이 지나갔다는 생각이 듭니다.

내 인생을 시즌으로 나누어보면 '나'를 중심으로 지난 일 경험을 재해석할 수 있게 됩니다. 우리는 취업이나 이직을 위한 자리에서 '일'을 이야기하는 경우가 많습니다. 그런 상황에서는 자신의 일에 대한 생각을 자유롭게 표현하기보다, '뽑히기 위해' 나를 어필하는 방식으로 말하게 되죠. 그러다 보니 일에 대해 나의 기준으로 이야기하기가 익숙하지 않은 것이 사실입니다. 다른 사람에게 설명하기 위해서가 아니라, 내 일의 의미를 스스로 찾기 위해 시즌을 나눠보세요. 인생의 단락을 내 힘으로 마감하고 이름 붙여주는 거예요.

시즌에 이름을 붙이는 방식 또한 자유입니다. 워크숍에 참여했던 다양한 사람들의 사례를 나누어볼게요. 워크숍에 참여했던 어느 뮤지션은 공부에 충실하며 본격적으로 음악에 매진했던 시기를 '프로 방구석 연습러'로, 반복되는 환경 속에서 고민했던 시기를 '무기력과 방황'으로, 다양한 모양의 작업을 경험했던 시기를 '바운더리 넓히기'로 이름을 붙였어요.

한 회사에서 오랫동안 커리어를 쌓아왔던 어느 직장인은 황금기와 같았던 학생 시절부터 회사 생활에 적응하기 위해 분투했던 초년생 시절까지 합쳐 'Golden Age → Dark Age'로 이름 붙였어요. 바쁜 일정 속에서도 좋아하는 것을 배우고 자신의 일에 접목하기 위해 애썼던 시기는 '좋아하는 것과 가까워지기 위한 고군분투'로, 원하는 팀으로 옮겼지만 여전히 고민이 남아 있는 현재의 상태는 '좋아하는 일과 관련된 환경으로 가까이 왔지만'으로 명명했죠. 이렇게 시즌명만 보아도 그 사람의 일 경험이 어떻게 흘러왔는지 짐작할 수 있어요.

조금 더 재미있는 방식으로 표현한 분들도 있었어요. '우와, 이게 뭐지?', '으악, 나는 뭐지?'와 같이 스스로에게 가장 크게 다가왔던 질문이나 감정을 시즌의 이름으로 붙인 분도 있었고요. '안 되는 것도 되게 하라', '이제는 하이힐에서 내려올 때'와 같이 드라마 에피소드의 타이틀처럼 명명한 분도 있었답니다.

이름을 붙이고 난 후, 각각의 시즌이 서로 어떻게 관계 맺고 있는지 살펴보는 것도 중요합니다. 내 삶의 모든 경험들은 따로 떨어져 있지 않고 상호작용하거든요. 자신의 '일'에 대해 이야기를 나누다보니 자신의 경험 중 특정 부분을 언급하지 않는 사람들이 많다는 것을 알게 되었는데요. <u>그건 스스로 그 경험의 의미를 발견하지 못했을 수도 있다는 뜻입니다.</u>

저 역시 그랬어요. 홍보회사에서 일하던 무렵에는 예술계에서의 경험을 스스로도 인정하지 않았고, 현재의 나와는 전혀 상관없는 일을 했다고 생각했습니다. 그렇게 뚝뚝 끊어진 경험들이 제 안에 널려 있었어요. 어질러진 방처럼 저를 괴롭혔죠.

어지럽힌 방을 직면하는 것이 두렵다고 외면하지 마세요. 내가 해온 일을 하나하나 살펴보고, 나의 언어로 의미를 찾아내면 스스로를 조금 더 믿을 수 있게 될 거에요. 그리고 '내가 찍은 점들이 언젠가는 선이 된다'는 뻔한 말이 진짜라는 걸 알게 될 거에요. 내가 '브랜드'로 성장한다는 것은, 어쩌면 내 안의 경험들을 하나로 통합하는 일인지도 모르겠습니다. 당신은 지금 몇 번째 시즌을 지나고 있나요? 그 시즌에 이름을 붙인다면, 무엇이라 불러보고 싶나요?

# READ ノ DO WORKSHOP
# DO MYSELF

오늘의 워크숍 소요 시간 : 60분

## 경험의 감정 그래프 그리기

일 경험 지도

---

---

|     |     |     |
| --- | --- | --- |

YEAR

*Good*

소요 시간 : 40분

## 나는 어떤 일을 좋아하고 싫어할까?

---

---

---

|        |        |        |

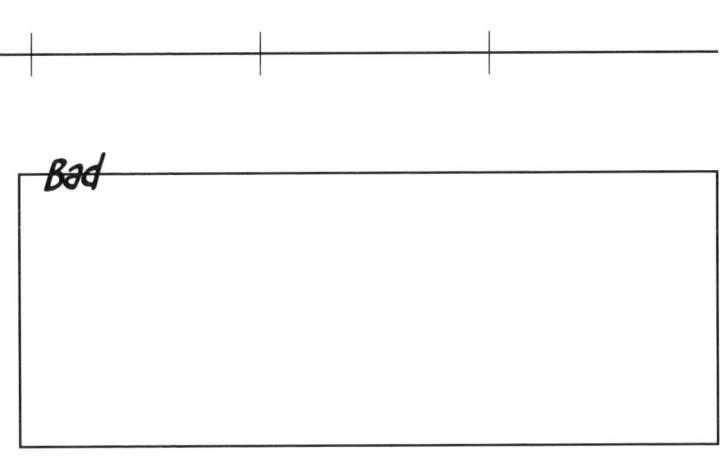

## 일 시즌 나누기

SEASON 1



SEASON 2



SEASON 3

소요 시간 : 20분

## 내 인생이 넷플릭스 드라마라면 지금은 몇 번째 시즌일까?

READ ν DO WORKSHOP

DATE:

CONTENTS:

의미화 : 내 일의 의미 찾기

# HOW TO DO 1

나의 대표 프로젝트 고르기


# HOW TO DO 2

프로젝트별로 회고하기

워크숍 1일 차에는 '나'를 중심으로 나의 일을 다시 바라보는 작업을 했다면, 2일 차인 오늘은 그중에서도 가장 의미 있었던 사건에 초점을 맞춰보려고 합니다. 1일 차에는 한 발짝 떨어져서 내 일 전체를 보는 느낌이었을 거예요. 오늘은 확대경을 들고 나의 일을 세세하게 살펴보듯 임해주세요. 에너지가 많이 드는 일이기에, 편안함을 느끼는 공간에서 집중하는 걸 추천해요.

READ & DO WORKSHOP

# HOW TO DO
# 1

나의 대표 프로젝트 고르기

나에게 가장 의미 있는 일은 무엇일까?

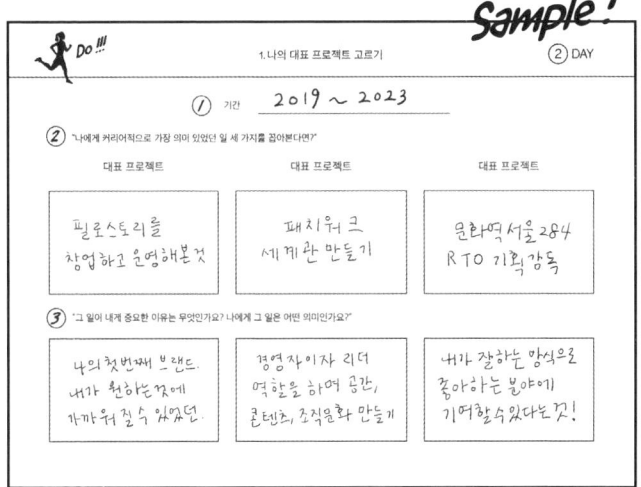

## ① 기간 설정

나의 일을 대표하는 프로젝트 세 개를 고를 텐데요. 그보다 먼저, 대표 프로젝트를 뽑아낼 기간부터 설정해주세요. 회고를 처음 해보는 분이라면 나의 커리어 전체를 두고 시작해보는 걸 추천하고요. 퇴사를 앞두었거나 커리어 전환기를 겪고 있는 분은 최근 1년 또는 3년처럼 기간을 비교적 짧게 설정하면 도움이 됩니다.

② 대표 프로젝트

1일 차에서 감정을 기준으로 그렸던 '일 경험 그래프'를 보며 내 일의 '대표 프로젝트' 세 가지를 골라보세요. 타인의 평가와 상관없이 나에게 의미 있게 느껴지는 일, 나에게 특별하게 느껴지는 일로 선택합니다. 나의 의지와 무관하게 중도에 엎어진 일, 너무나 익숙하게 반복하고 있는 일이라도 나에게 의미 있었던 일이라면 무엇이든 괜찮습니다.

주의할 점이 있어요. 내가 통제할 수 없는, 나에게 일어난 '사건(승진, 이직, 이별)' 혹은 지나치게 개인적인 '경험(여행, 사랑)'보다는 나의 의지로 시작하고 끝맺은 프로젝트를 기준으로 골라주세요. 내 이야기를 처음 듣는 사람에게 "제 일에서 이 프로젝트 세 가지는 정말 중요한 경험이었어요"라고 설명하는 장면을 상상하며 고르는 것도 방법이에요.

쉽게 떠오르지 않는다면 눈을 감고 어떤 장면이 눈앞에 가장 선명하게 떠오르는지 살펴보세요. 의외로 시시콜콜한 장면일 수 있습니다. 'OOO 프로젝트'라고 이름 붙여진 공식적인 타이틀이 아니라 'OOO 프로젝트에서 인터뷰를 맡아 진행했던 일'과 같이 작게 쪼개서 쓸수록 더 많은 것을 발견할 수 있습니다.

### ③ 의미 있는 이유

세 가지 프로젝트를 골랐다면, 많은 일들 중 이 일이 내게 가장 의미 있게 느껴지는 이유가 무엇인지도 간단하게 메모해보세요. 뒤에서 더욱 자세하게 회고할 예정이니 이 장에서는 간단하게만 적어도 괜찮습니다.

나에게 가장 의미 있는 일은 무엇일까?

 연말이 되면 각종 시상식이 열립니다. SNS 피드도 저마다의 시상식으로 물들죠. 〈올해의 영화〉, 〈올해의 사람〉, 〈올해의 음식〉… 나만의 베스트를 뽑는 재미가 꽤 쏠쏠합니다. 이 질문을 내 일에도 적용해볼까요? 1일 차 워크숍에서 내 감정을 기준으로 그린 일 경험 그래프를 다시 봐주세요. 그리고 그중에서 '베스트 3'을 뽑습니다. 선택하기 너무 어렵다면 내게 의미 있는 일들을 포스트잇에 하나씩 적고 여러 장을 쭉 펼쳐 붙인 후, 그중 세 장만 골라보세요. 마치 이상형 월드컵을 하는 것처럼요.

 이렇게 뽑아낸 세 개의 일 경험을 우리는 '프로젝트'라고 부를 거예요. 이렇게 표현하는 것에도 의미가 있습니다. "저는 프로젝트를 해본 적 없는데요"라고 이야기하는 분들도 종종 있었는데요. 공식적으로 'OOO 프로젝트'라 이름 붙여진 일이 아니더라도, 시작과 끝이 분명한 일이라면 '프로젝트'라 부를 수 있다고 생각합니다. 오히려 회사나 조직에서 이름 붙인 일이 아니라, 내가 주도적으로 뜻을 가지고 실행했던 일에 초점을 맞춰서 프로젝트라 명명해보세요. 기존에 없던 시스템을 만든 일, 새로운 디자이너를 찾고 연결한 일, 아르바이트 사장님께 제안하여 매장의 구조를 바꾼 일 등. 겉으로 보기에 그럴듯해 보이는 프로젝트 말고, 작고 사소해 보여도 '진짜' 내가 의미 있게 느꼈던 일에 초점을 맞춰보세요..

"나에게 가장 의미 있게 느껴지는 프로젝트를 딱 세 가지만 골라보세요."

워크숍에서 이 말을 건네면 "으아, 어렵다!" 하는 반응이 터져나옵니다. 고민하는 얼굴을 보는 게 저는 왜 이렇게 재미있는지 몰라요. 보물찾기 현장을 보는 것 같거든요. 저렇게 수많은 이야기 속에서 무엇을 골라올까? 두근두근

하며 지켜봅니다.

더욱 재미있는 건, 그다음입니다. "왜 하필 수많은 순간들 중 이 일을 골랐어요?", "그 일이 나에겐 어떤 의미예요?" 질문하면 예상치 못한 답변이 돌아올 때가 많거든요. 실제로 그런 장면을 목격한 적이 있는데요. 같은 곳에서 교사로 근무하고 있는 두 사람이 우연히 워크숍에 온 거예요. 재미있게도 한 분은 일의 의미를 '아이들과 만나는 것'이라 이야기했고, 한 분은 '공간을 연출하는 것'이라 이야기했어요. 같은 직장에서 같은 일을 했다 하더라도 그 일의 의미는 서로 다를 수 있다는 게 흥미롭지 않나요? 이렇게 같은 프로젝트를 동시에 수행했더라도 각자에게 남는 의미는 다르더라고요. 그렇기에 내 일의 의미는 결국 스스로에게 묻고, 직접 발견해야 합니다.

이렇게 나의 일을 세 개의 프로젝트로 압축하고 그렇게 선정한 이유를 스스로에게 묻다보면, 그 안에서 공통점이 보이고 중요한 힌트를 발견하게 됩니다. 오랫동안 회사 생활을 하다 프리워커로 독립한 한 마케터는 자신에게 '콘텐츠를 통해 사랑받는 브랜드를 만드는 일'이 가장 중요하다는 걸 깨달았고, 수많은 사람들과 협업하며 작업을 펼쳐왔던 어느 아티스트는 세 가지 프로젝트가 모두 '자신의 메시지와 철학을 중심으로 하는 독립적인 작업'이라는 걸 발견했어요.

여러분의 세 가지 대표 프로젝트는 무엇인가요?
여러분에겐 그 일들이 왜 중요한가요? 그 일들 사이에는 어떤 공통점이 있나요?

READ & DO WORKSHOP

# HOW TO DO
# 2

프로젝트별로 회고하기

나는 어떤 일을 했고, 무엇에 집중했나?

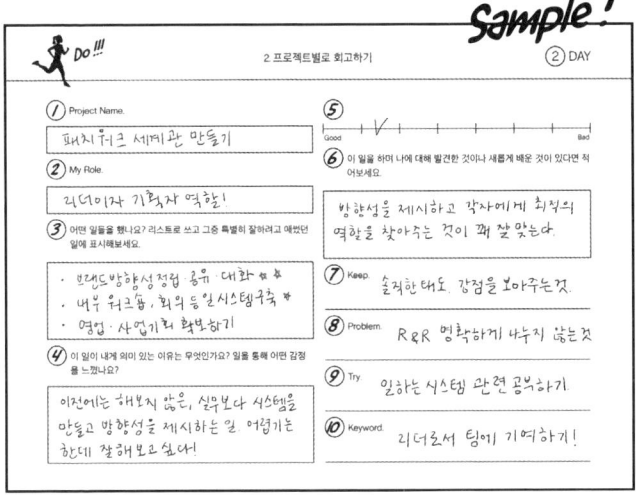

## *1* PROJECT NAME

내게 가장 의미 있게 느껴지는 일에는 어떤 이름을 붙일 수 있을까요? 공식적으로 이름 붙여진 프로젝트가 아니어도 괜찮습니다. 내가 주도적으로 생각하고 실행한 일이라면 무엇이든 프로젝트라고 부를 수 있어요. 회사에서 운영하던 블로그의 시스템을 바꾸었다면 '블로그 시스템 개선 프로젝트', 회의하는 방식을 새롭게 제안했다

면 '회의 방식 제안 프로젝트' 등 내게 의미 있게 기억되는 일에 자유롭게 이름을 붙여보세요.

**② MY ROLE**

내가 그 프로젝트에서 맡았던 역할이 무엇이었는지 써보세요. 공식적으로 부여된 역할이 아니어도 괜찮습니다. 자연스레 맡게 된 역할이나, '왠지 이런 일을 했던 것 같은데'라고 생각나는 것을 떠오르는 대로 적어보세요. (*ex.* 사람들을 환대하는 역할, 회의 주제를 정리하는 역할, 아무도 소외되지 않게 챙겨주는 역할 등)

**③ 어떤 일들을 했나요? 리스트로 쓰고 그중 특별히 잘하려고 애썼던 일에 표시해보세요.**

그 프로젝트 안에서 내가 어떤 일들을 했는지 정확하게 기억나나요? 기억을 불러오기 위해, 리스트의 형태로 간략하게 나열해서 써보세요. 나의 기억을 되살리기 위한 과정이니 정돈된 언어로 적지 않아도 좋습니다. 다 쓴 후에는 그중에서 내가 유독 열심히 했던 일이나 잘하고 싶어서 애썼던 일은 무엇이었는지 밑줄을 긋거나 표시해보세요.

④ 이 일이 내게 의미 있는 이유는 무엇인가요? 일을 통해 어떤 감정을 느꼈나요?

그런데 하고 많은 일 중에 이 일이 나에게 의미 있는 이유는 무엇인가요? 나는 이 프로젝트를 하면서 어떤 감정들을 느꼈나요? 누군가에게 보여주기 위한 것이 아니니까 내 감정을 아주 솔직하게 적어보세요.

⑤ GOOD & BAD

의미 있었던 프로젝트가 꼭 '긍정적'이어야 하는 것은 아닙니다. 나에게 이 일은 어떤 느낌으로 남아 있는지 표시해보세요.

**6** 이 일을 하며 나에 대해 발견한 것이나 새롭게 배운 것이 있다면 적어보세요.

나의 '일 경험'은 나 자신에 대해서 말해줍니다. 내가 이 일을 의미 있게 느꼈다면 분명 새롭게 배운 것이나 스스로에 대해 발견한 것이 있을 거예요. 이 경험으로 인해 깨닫게 된 것을 적어보세요.

**7** KEEP. 앞으로도 유지하고 싶은 것

이 일을 하면서 좋았던 점, 앞으로의 일에서도 계속해서 실현해보고 싶은 것은 무엇인가요? 일을 하면서 발견한 나의 강점, 지속해보고 싶은 업무 분야, 내가 좋아하는 일의 방식이나 환경, 유지하고 싶은 일의 태도 등을 적어보세요.

**⑧ PROBLEM. 아쉬웠던 것, 앞으로는 반복하고 싶지 않은 것**

타인 혹은 자신의 문제점을 지적하라는 뜻이 아닙니다. 이 일을 하면서 아쉬웠던 점, 앞으로 일할 때는 반복하고 싶지 않은 점을 메모해보세요. 나를 불편하게 했던 것, 유독 견디기 힘들어하는 요소, 남들은 좋다고 하지만 나에겐 맞지 않는 것들을 적어봐요.

**⑨ TRY. 이후 새롭게 시도하고 싶은 것, 해보고 싶어진 것**

이 일을 계기로 새롭게 하고 싶어진 것이 있나요? 공부해보고 싶은 분야, 도전해보고 싶은 프로젝트, 새롭게 떠올린 아이디어 등을 적어보세요.

### ⑩ KEYWORD

이 프로젝트를 어떤 말로 표현할 수 있을까요? 이 프로젝트의 의미를 한마디로 압축해보세요.

\* 위의 과정을 따라 대표 프로젝트 세 개를 하나하나 깊이 관찰해보세요.

나는 어떤 일을 했고, 무엇에 집중했나?

다른 일을 해보고 싶다고, 내가 진짜 좋아하는 것이 무엇인지 찾아보겠다고 회사를 나와 독립적으로 일하기 시작했을 때 처음에는 들뜨고 신이 났습니다. 새로운 세상, 새로운 사람들을 경험하고 알아가는 것이 재미있었어요. 그런데 그 시간이 일이 년 쌓여가니 조급한 마음이 들기 시작했습니다. 이쯤 했으면 내가 조금은 또렷해질 거라고 생각했는데, 어쩐지 더 흐려져만 가는 것 같았어요.

그러던 어느 날, 내가 나의 '지금'을 똑바로 바라보고 있지 않다는 것을 깨달았습니다. '다른 사람들에게 나는 어떻게 보일까?', '하다보면 나는 무엇을 이룰 수 있을까?' 이런 생각만 하고 있었던 거예요. 정작 내 눈앞에 있는 일들을 어떻게 하고 있는지, 이 일을 잘하기 위해서 어떤 노력을 하고 있는지, 다른 관점으로 질문을 던져보니 조급한 마음에 이 일 저 일 벌이기만 하고 정돈하는 시간이 부족했다는 자각이 들었죠.

그날, 하던 일을 모두 멈추고 책상 앞에 앉아 스스로에게 질문하기 시작했어요. 최근 몇 년간 엄청 많은 일을 했는데 너한테 가장 의미 있는 일은 뭐야? 그 일이 왜 좋아? 거기서 뭘 남기고 싶어? 다시는 하고 싶지 않은 건 뭐야? 앞으로 더 잘해보고 싶은 일은 뭐야? 여러 장의 종이를 출력해놓고 종이 위에 사각사각 힌트를 적어 내려가던 그날의 기분이 생생하게 기억납니다. 바깥으로 쏠려 있던 감각이 제 안으로 다시 돌아오는 느낌이었어요.

저에게 중요하게 느껴지는 프로젝트들을 꺼내놓으니 내가 이미 가진 좋은 것과 앞으로 나아가고 싶은 방향이 보였습니다. 공통적으로 등장하는 키워드에 동그라미를 치면서 이런 생각을 했어요. 그토록 찾아 헤매던 '나다움'이라는 건, 결국 내가 해온 일들 속에서 발견되는 게 아닐까? 그 뒤로 저에게 의미 있게 느껴지는 일을 마감하고 나면, 저의 언어로 하나하나 뜯어보며 시시콜콜하게 회고하는 습관을 가지게 되었습니다. 누군가에게 증명하기 위해서가 아니라 나에 대한 호기심으로 나의 일을 회고하는 과정은 정말로 재미있었습니다.

프로젝트가 끝나면 덮어둔 채 다시 안 보게 되지는 않나요? 빨리 다음 단계로 넘어가, 무언가 보여줘야 할 것 같은 강박에 시달리지는 않았나요? 많은 일을 해내는 것보다 하나를 하더라도 제대로 하고, 그 일의 의미를 스스로 정확하게 이해하는 것이 더 중요합니다.

워크숍에서 만난 분 중, 오랫동안 현대무용 분야에서 기획자로 일했던 민영 님의 이야기를 해볼게요. 그때 민영 님은 '내가 계속 이 분야에서 일할 수 있을까?'라는 고민을 하고 있었어요. 이야기를 나누다보니, 단순히 '현대무용'이라는 키워드만으로는 민영 님을 설명하기 부족하다는 생각이 들더라고요. 지난 일 경험을 함께 세세하게 뜯어보니 민영 님이 집중해온 것, 잘하고 싶어서 애써온 것이 무엇인지 보였어요.

민영 님은 현대무용과 타 장르의 융합을 적극적으로 시도하고, 현대무용의 대중화에 관심을 갖고 독특한 현대무용 경험 콘텐츠를 지속적으로 만들어온 분이었어요. 오랫동안 현대무용계에서 활동하며 쌓아온 네트워크와 높은 장르 이해도, 그리고 업계에서 흔히 시도하지 않는 콘셉트을 뽑아내는 역량이 민영 님의 강점이라는 생각을 했죠.

프로젝트 회고를 통해 민영 님은 그만두어야 하나 고민했던 '현대무용'이라는 키워드가 자신의 핵심 자산이라는 것을 받아들이고 '콘셉트 기획'이라는 강점을 새롭게 발견하게 됐어요. 크리에이터로서의 활동과 브랜딩 프로젝트를 계속하고 싶다는 것을 깨달았고, '해보고 싶은 일'로 기획 콘텐츠, 강의와 같이 자신의 강점을 살릴 수 있는 활동을 꼽는 등 앞으로의 방향성에 대한 힌트를 얻을 수 있었죠. 워크숍에서 힌트를 발견한 민영 님은 현대미술 분야와 협업하고 무용 감상법을 알리는 콘텐츠를 개발하기도 하며, 로컬 크리에이터로 활동하는 등 자신이 생각한 방향으로 움직이게 됐어요.

자신에게 무엇이 중요한지 스스로 발견한 사람들은 원하는 방향으로 걸어나가게 됩니다. 나는 어떤 일을 유독 열심히 하는 사람일까? 무엇을 잘하고 싶어서 애쓰는 사람일까? '나'를 중심으로 일을 깊이 회고하다보면 알게 됩니다. '일'에 있어 절대적으로 맞고 틀린 것은 없고, 나는 내가 추구하는 기준을 따라 결정하면 된다는 것을요. 아무리 남들이 좋다고 해도 나에게 맞지 않는 일은 나에게 좋은 영향을 주지 못해요. 반대로 남들이 알아주지 않았다 해도 내 마음을 움직인 일이라면, 그 순간을 잘 들여다보는 것이 중요합니다. 오늘, 시간을 들여 천천히 나의 지난 일 경험을 회고하고, 중요한 힌트를 발견해보세요.

ESSAY

# READ 𝓏 DO WORKSHOP
# DO MYSELF

*REALTIME ViDEO*

오늘의 워크숍 소요 시간 : 90분

# 나의 대표 프로젝트 고르기

기간 _____

"나에게 커리어적으로 가장 의미있는 일 세 가지를 꼽아본다면?"

---

대표 프로젝트 첫 번째

---

대표 프로젝트 두 번째

---

대표 프로젝트 세 번째

소요 시간 : 30분

나에게 가장 의미 있는 일은 무엇일까?

"그 일이 내게 중요한 이유는 무엇인가요? 나에게 그 일은 어떤 의미인가요?"

| 의미 있는 이유 |
|---|
|  |

| 의미 있는 이유 |
|---|
|  |

| 의미 있는 이유 |
|---|
|  |

## 프로젝트별 회고하기

**1) PROJECT NAME**

**2) MY ROLE**

**3)** 어떤 일들을 했나요? 리스트로 쓰고 그중 특별히 잘하려고 애썼던 일에 표시해보세요.

**4)** 이 일이 내게 의미 있는 이유는 무엇인가요? 일을 통해 어떤 감정을 느꼈나요?

소요 시간 : 20분

나는 어떤 일을 했고, 무엇에 집중했나?

**⑤**

GOOD |―――|―――|―――|―――| BAD

**⑥** 이 일을 하며 나에 대해 발견한 것이나 새롭게 배운 것이 있다면 적어보세요.

**⑦** KEEP

**⑧** PROBLEM

**⑨** TRY

**⑩** KEYWORD

## 프로젝트별 회고하기

**①** PROJECT NAME

**②** MY ROLE

**③** 어떤 일들을 했나요? 리스트로 쓰고 그중 특별히 잘하려고 애썼던 일에 표시해보세요.

**④** 이 일이 내게 의미 있는 이유는 무엇인가요? 일을 통해 어떤 감정을 느꼈나요?

소요 시간 : 20분

나는 어떤 일을 했고, 무엇에 집중했나?

**⑤**

GOOD |―――|―――|―――|―――|―――| BAD

**⑥** 이 일을 하며 나에 대해 발견한 것이나 새롭게 배운 것이 있다면 적어보세요.

---

**⑦** KEEP

---

**⑧** PROBLEM

---

**⑨** TRY

---

**⑩** KEYWORD

---

# 프로젝트별 회고하기

### ① PROJECT NAME

### ② MY ROLE

### ③ 어떤 일들을 했나요? 리스트로 쓰고 그중 특별히 잘하려고 애썼던 일에 표시해보세요.

### ④ 이 일이 내게 의미 있는 이유는 무엇인가요? 일을 통해 어떤 감정을 느꼈나요?

소요 시간 : 20분

나는 어떤 일을 했고, 무엇에 집중했나?

**5**

GOOD |—————|—————|—————|—————|—————| BAD

**6** 이 일을 하며 나에 대해 발견한 것이나 새롭게 배운 것이 있다면 적어보세요.

**7** KEEP

**8** PROBLEM

**9** TRY

**10** KEYWORD

READ & DO WORKSHOP

DATE:

CONTENTS:

수집과 정리 : 나다운 방향성 결정하기

# HOW TO DO 1

내 일의 키워드 수집하기

# HOW TO DO 2

키워드를 바탕으로 방향성 정리하기

# HOW TO DO 3

나의 본질 정의하기

'일하는 나'의 지난 이야기를 느린 호흡으로 돌아보고 그 의미를 읽어본 1일 차와 2일 차를 지났습니다. 오늘은 나의 일 키워드를 속도감 있게 수집하고 방향성을 정리해보겠습니다.

나의 방향성을 찾을 수 있도록 돕는 아홉 개의 질문을 준비했어요. 저 역시 주기적으로 이 질문들에 묻고 답하며, 그 답을 정리해 지금 내 마음이 가리키는 방향을 확인하곤 합니다. 질문에 응답하면서 나에 대한 키워드를 수집해보세요. 그리고 그 키워드를 바탕으로 내 마음이 어디를 가리키는지 정리하고, 일하는 나의 정체성을 스스로 정의해보세요.

정리와 결정은 쉽지 않은 작업입니다. 하지만 어렵더라도 이 과정을 마치고 나면 속이 시원해지는 기분을 느낄 수 있을 거예요. 오늘은 나 자신과 깊은 대화를 나누고 중요한 결정을 내리는 날입니다. '나와의 워크숍'을 위해 하루를 온전히 투자하는 걸 추천해요. 자, 그럼 시작해볼게요.

READ & DO WORKSHOP

# HOW TO DO
# 1

아홉 가지 질문으로
내 일의 키워드 수집하기

Keep(유지할 것), Problem(아쉬운 것 또는 보완하고 싶은 것), Try(새롭게 시도하고 싶은 것)의 세 가지 카테고리별로 세 개씩, 총 아홉 개의 질문을 준비했습니다. 질문에 따라 떠오르는 키워드를 최대한 많이 수집하고 이를 토대로 생각을 정리하는 방식을 추천합니다.

"나는 어떤 방향으로 나아가고 싶을까?"라고 스스로에게 물어보면 답이 잘 떠오르지 않거든요. 그런데 먼저 다양한 질문들을 통해 자유롭게 키워드를 뽑아낸 후, 그 키워드들을 한눈에 보며 '선택'하면 의외로 생각이 쉽게 정리돼요. 그러니 잘 쓰려고 하지 말고 '질보다 양'을 기준으로 생각나는 대로, 거칠고 빠르게 써서 다양한 키워드를 모아보세요.

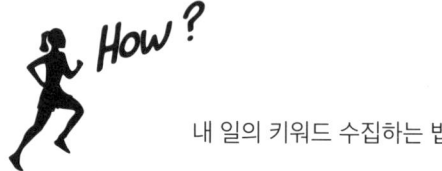

### 내 일의 키워드 수집하는 법

1. 주어진 질문을 하나씩 읽고 떠오르는 답을 키워드의 형태로 적어주세요. 한 칸에 하나씩의 키워드를 적으면 됩니다. 수록된 툴키트를 활용하지 않을 때는 Keep, Problem, Try 카테고리별로 다른 색깔의 포스트잇을 활용하는 것을 추천합니다.

2. 질문 하나당 세 개 이상의 키워드를 적으려고 노력해보세요. 잘 써야 할 것 같다는 생각에 스스로 검열하거나 망설이지 말고, 내 머릿속에 있는 생각을 '일단 쏟아낸다'는 느낌으로 거칠게 꺼내보는 것이 중요합니다. 아무도 안 보니까 자유롭게 써보세요!

3. 너무 오랫동안 고민하지 마세요. 질문 하나당 2~3분 내외로 작성하는 것을 추천합니다. 타이머를 맞추고 쓰셔도 좋습니다. 아홉 개의 질문에 대한 답을 총 30분 안에 쓰는 것을 권장합니다.

4. 답을 쓸 때는 '문장'이 아닌 '키워드(단어)'의 형태로 압축해서 써주세요. 문장으로 풀어서 쓰면 추후 정리할 때 어렵습니다.

## Keep

내가 오랫동안 시간을 써온 것,
이미 가지고 있는 좋은 것을 발전하게 하는 질문들

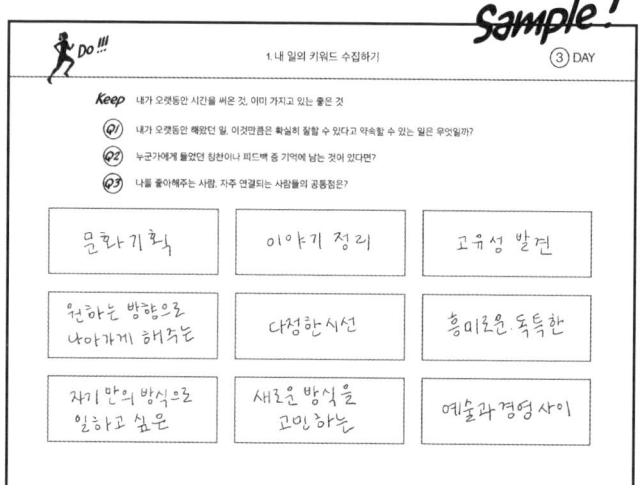

 **Q1** 내가 오랫동안 해왔던 일, 이것만큼은 확실히 잘할 거라 약속할 수 있는 일은 무엇일까?

*Hint!*

• 대부분의 사람이 자신이 오랫동안 해온 일은 너무 익숙해서 '나의 키워드'라고 생각하지 못하는 경우가 많습니다. 멋진 키워드를 써야 한다고 생각하지 마세요. 나에게 너무나 당연한 키워드부터 적어보세요. (***ex.*** 마케팅, 커피, 기획, 예술, 글쓰기 등)

• '적어도 이일은 잘 할 수 있을 것 같아'라고 생각하는 것이 있다면 아무리 사소한 것이라도 괜찮으니 써보세요. (***ex.*** 이야기를 잘 들어주는 것, 요약·정리, 공간 재배치하기 등)

누군가에게 들었던 칭찬이나 피드백 중 기억에 남는 것이 있다면?

*Hint!*

• 마음에 남아 있는 칭찬 또는 피드백을 기억해보세요. 구체적인 장면으로 떠올려보아도 좋습니다. 다른 사람의 피드백은 생각보다 나에 대해 많은 것을 알려줍니다. 나는 스스로에 대해 너무 많이 알고 있다보니, 무엇이 내 장점이고 매력인지 눈치채지 못하는 경우가 많거든요. '아, 내가 이런 사람이구나'라고 깨닫게 된 말이 있었나요? (*ex.* 큐레이션을 잘하는, 직관적인, 콘셉트를 잘 짜는, 섬세한, 차분한 등)

• 그 칭찬이 마음에 남은 이유는 아마 내가 원하는 방식으로, 정확하게 칭찬받았기 때문일 거예요. 어떤 키워드가 내 마음을 움직였나요? 나는 어떤 칭찬을 받을 때 기쁜가요? (*ex.* 똑똑한, 사람을 잘 읽는, 글을 잘 쓰는, 다정한 등)

 나를 좋아해주는 사람, 자주 연결되는 사람들의 공통점은?

*Hint!*

• '내 일에서 계속해서 유지해야 할 것'에 대해 생각하자면, 일을 통해 연결되는 사람들을 빼놓고 생각할 수 없습니다. 일을 하면서 나를 특별히 좋아해주었던 사람, 좋은 피드백을 들려주었던 사람, 자주 찾아와 일을 부탁하는 사람들을 떠올려보세요. 구체적인 인물의 이름과 얼굴을 떠올릴수록 좋습니다. 단, '옆집 언니', '동창' 등 개인적인 관계가 아닌 '일을 통해 연결된 사람들'을 생각하세요.

• 그 사람들은 어떤 유형의 사람들이었나요? 그 사람들에게 공통점이 있다면 무엇인가요? 성격, 취향, 나를 찾아온 이유(고민) 등 다양하게 생각해보세요. (*ex.* 아이디어는 있지만 정리가 어려운, 책을 좋아하는, 스스로에 대해 고민하는, 신선한 아이디어가 필요한 등)


✓ 질문을 순서대로 읽으며, 떠오르는 것을 키워드로 표현해보세요.
✓ 유사하게 느껴지는 키워드를 서로 연결하거나 비슷한 색으로 칠해보세요.
✓ 나에게 중요하게 느껴지는 키워드에 표시해보세요.

내가 오랫동안 해왔던 일, 이것만큼은
확실히 잘할 거라 약속할 수 있는 일은 무엇일까?

워크숍을 운영하면서 "나를 대표하는 키워드를 적어보세요"라고 할 때가 있는데요. 그럴 때마다 경험하는 일이 있습니다. 자신이 가지고 있는 가장 흥미롭고 매력적인 키워드를, 정작 본인은 적지 않는다는 것이지요. 오랫동안 현대무용 분야에서 활동해왔던 사람은 '현대무용'이라는 키워드를 적지 않고, 평생 커피 일을 해온 사람은 '커피'라는 키워드를 적지 않아요.

저도 그랬습니다. 저는 대학생 때부터 문화기획이라는 분야에 관심을 가지고 문화기획단을 만들어서 활동했고, 그 열망으로 예술학교에 진학해 예술경영을 공부했어요. 그 후로도 10년 가까운 시간을 문화예술분야에서 활동

해왔죠. 그런데 제 눈엔 제가 너무 부족해 보였어요. 아직 모르는 것도 많고, 이렇다 할 성과를 이루지도 못한 것 같고, 멋진 사람들은 너무 많고요. 그래서 이게 저의 키워드라고 생각하지 못했습니다. 그런데 제가 그런 제 모습을 스스로 인정하고 '문화기획자'라는 이름으로 활동하기 시작하자, 신기하게도 사람들이 제 일을 알아봐주기 시작했어요.

 대부분의 사람들이 나에게 당연한 것은 보지 못합니다. 내가 이미 가진 것보다는 나에게 없는 것, 부족한 것만 보게 되죠. 새로운 것을 채워 넣어야 한다고 생각해요. 그런데 나를 남들과 다르게 만드는 한 끗은 '내가 이미 가지고 있는 것', '오래도록 시간을 들여온 것'에서 온다고 생각합니다. 나에겐 한없이 부족해 보일지라도 내가 오래도록 시간을 들여온 것이라면 인정해주세요. 내 눈엔 지극히 사소해 보이더라도 누군가에겐 반짝이는 보석으로 느껴질 수 있다는 것을 기억하며, 나에게 너무나 당연한 키워드들을 한번 적어보세요. 그리고 바라봐주세요. 내 안에 이미 존재했던 이야기를요.

누군가에게 들었던 칭찬이나 피드백 중
기억에 남는 것이 있다면?


얼마 전, 저에게 '감사하다'고 말해준 사람들의 메시지를 모아서 읽어보았어요. 잊고 싶지 않아서 그랬는데, 모아놓고 보니 공통점이 보이더라고요. '다른 사람의 가치를 발견해주는 사람', '명료하고 다정한 사람', '하고 싶은 방향으로 나아가게 해주는 사람', '중요한 계기를 만들어주는 사람'… 그들의 말을 통해 '아, 나는 이런 사람이구나' 하고 깨달았어요.

"해리한테는 동기부여하는 힘이 있어. 인지하고 있든 아니든 누구에게나 하고 싶은 일이 있는데 그걸 꺼내서 발견하고 '넌 이걸 잘하는 것 같아', '이거 해보면 어때?'라고 말해주는 사람은 많지 않아."

잘하는 게 없는 것 같아서 고민하던 어느 날, 제가 가장 신뢰하는 사람 중 하나인 남편이 제게 이런 칭찬을 해줬어요. 그러고 보니 저는 누군가가 자기도 모르게 품고 있는 꿈과 그 사람의 고유성을 함께 발견하고, 자기답게 나아갈 수 있도록 구체적인 계기를 만들어주는 일을 잘하는 사람이더라고요. 예전엔 저의 이런 특성을 좋아하지 않았어요. 내 것은 잘 챙기지 못하고, 남 좋은 일만 해주는 것 같아서요. 하지만 이제는 받아들이고 인정하게 되었어요. 누군가의 빛나는 면을 발견하고, 드러나게 돕는 능력은 분명한 저의 장점이라고요. 내가 집중해야 할 일은 이 장점을 충분히 발휘할 수 있는 환경에 나를 놓아두는 것이라고요.

여러분은 누군가에게 칭찬을 받으면 어떻게 반응하나요? 많은 사람들이 손사래를 치며 "아니에요" 하고 겸손하게 답하는 것 같아요. 그런데 '아니다'라고 말하기 때문에 스스로도 그 말을 깊이 받아들이지 못하는 건 아닐까요? 앞으로는 이렇게 해보면 어떨까요? "좋게 봐주셔서 정말 감사합니다"라고 말하고 그 칭찬을 소중하게 간직하는 거예요. 그 이야기는 나에 대한 중요한 힌트가 되어주니까요.

나를 좋아해주는 사람,
자주 연결되는 사람들의 공통점은?


저는 인천에서 공간을 운영하고 있는데요. 그 과정에서 '모든 사람이 나를 좋아할 수는 없다'는 말을 더욱 깊이 이해하게 됐습니다. 어떤 사람은 문을 열고 들어오자마자 "뭐야, 좌석이 왜 이래!" 하며 불평하기도 하고, "달달한 거 없어요?" 하고 메뉴판을 훑어보다가 실망한 기색으로 나가기도 하죠. 하지만 누군가는 눈이 펑펑 오는 날 찾아와 "여기에 오면 항상 기분이 좋아요. 낭만이 있거든요" 하는 말을 건네기도 하고, 어떤 사람은 친구를 데려와 "여기는 모든 것에 이야기가 있어"라며 도슨트처럼 가게 곳곳을 대신 설명해주기도 해요.

그 사람들에게 집중하려고 애씁니다. 그들을 관찰하

고, 더욱 행복하게 해줄 수 있는 방법을 찾으려 해요. 우리를 좋아해주는 사람들에게는 몇 가지 공통점이 있었습니다. 글을 쓰거나 콘텐츠를 만드는, 창조적인 일을 하는 사람들이 많았고요. 자신에게 영감이 되는 콘텐츠를 경험하기 위해서 먼길도 마다하지 않았어요. 실제로 서울, 분당, 대구, 부산 등 다양한 지역에서 공간을 찾아주었어요. 그들은 자기 자신에게 관심이 많고, 스스로에게 몰입할 수 있는 경험을 하기를 원해요. 자기만의 무언가를 만들고 싶어하죠. 비슷한 취향을 가진 사람들과 어울리는 것을 좋아하고요.

이렇게 우리를 좋아해주는 사람들에 대한 단서를 발견하고 나면 저절로 생각하게 됩니다. 이 사람들은 우리의 어떤 부분을 좋아할까? 이들과 계속해서 관계 맺기 위해서 나는 무엇에 집중하면 좋을까? 이런 질문은 '나의 일'에도 적용이 가능해요. 때론 내 곁에 있는 사람들이 나를 설명해주기도 하죠. 일을 하면서 나에게 좋은 피드백을 주었던 사람, 나를 자주 찾아주고 일을 부탁하는 사람들을 떠올려보세요. 그들에게는 어떤 공통점이 있나요? 나의 어떤 부분을 좋아해주나요? 그 사람들은 나에 대해 무엇을 말해주나요?

## Problem

내가 강점으로 키워보고 싶은 것,

차별화하고 싶은 특징을 발견하게 하는 질문들

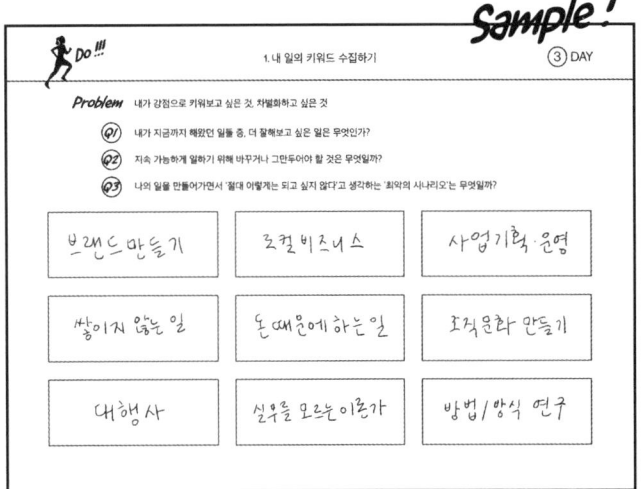

 내가 지금까지 해왔던 일들 중, 더 잘해보고 싶은 일은 무엇인가?

### Hint!

- 내가 지금까지 해왔던 일들을 떠올려보세요. 머릿속으로 잘 그려지지 않는다면, 일단 최근에 집중해온 일과 그로 인한 변화들을 리스트의 형태로 써보는 걸 추천해요.
- 내가 오랫동안 해왔던 일, 또는 최근 에너지를 써온 일 중에서 앞으로 더 시간을 쓰고 싶은 일, 더 잘하고 싶은 일을 적어보세요. (**ex.** 브랜드를 만드는 일, 사람들의 마음을 돕는 일, 어린아이와 어른을 연결하는 일, 나무를 만지는 일, 제품 제작, 콘텐츠로 퍼포먼스 만들기 등)

지속 가능하게 일하기 위해 바꾸거나 그만두어야 할 것은 무엇일까?

*Hint!*

• 나의 일을 내가 좋아하는 방식으로 지속하기 위해서 멈추고 싶은 것, 바꾸고 싶은 것을 솔직하게 적어보세요. 일의 환경, 함께 일하는 파트너, 일하는 태도 등을 포함해서요. (*ex.* 기준 없이 일을 받는 것, 수익 구조를 정리하지 않는 것, 너무 자주 수정하는 것, 지나친 완벽주의, 의미 없는 공부를 반복하는 것, 거절하지 못하는 것 등)

• 바꾸거나 그만두어야 할 것을 적어본다고 해서 한순간에 바꿀 수 있는 것은 아닙니다. 쉽게 실천하지 못한다고 스스로를 미워하거나 탓하지 마세요. 바꾸고 싶은 부분을 의식하고, 글로 쓰고, 눈으로 보는 작업을 하다보면 신기하게도 새로 발견되는 것들이 있고, 그 발견은 내게 영향을 줍니다.

 나의 일을 만들어가면서 '절대 이렇게는 되고 싶지 않다'고 생각하는 '최악의 시나리오'는 무엇일까?

*Hint!*

• '되고 싶은 모습'은 바뀔 수 있지만 '되고 싶지 않은 모습'은 바뀌지 않는 것 같습니다. 때로는 '내가 절대 가지 않을 방향'이 나에 대한 가장 큰 힌트가 되어주기도 해요. 내가 미래에 되고 싶지 않은 모습, 피하고 싶은 모습을 그려 보세요. 솔직하게 적을수록 좋습니다. (*ex.* 신뢰를 잃고 아무도 나를 찾지 않는 것, 현장에서 멀어진 이론가, 남들의 콘텐츠를 쉽게 따라하는 사람, 외주 노예 등)

• '최악의 시나리오'는 사람마다 다 다를 수밖에 없습니다. 누군가는 좋다고 생각하는 것이 나에게는 좋지 않을 수 있어요. 반대로, 누군가에게는 '최악의 시나리오'인 것이 나에게는 '베스트 시나리오'일 수도 있습니다. 자유롭게 적어보세요.

✓ 질문을 순서대로 읽으며, 떠오르는 것을 키워드로 표현해보세요.
✓ 유사하게 느껴지는 키워드를 서로 연결하거나 비슷한 색으로 칠해보세요.
✓ 나에게 중요하게 느껴지는 키워드에 표시해보세요.

내가 지금까지 해왔던 일들 중,
더 잘해보고 싶은 일은 무엇인가?




　일에 대한 혼란은 주기적으로 찾아옵니다. 최근 '내가 진짜 하고 싶은 일은 뭘까? 나는 앞으로 어디에 내 시간을 쓰고 싶을까?' 고민했지만 딱 떨어지는 답이 나오지 않았어요. 그래서 '지난 5년 동안 내가 한 일과 그 일을 통해 일어난 변화' 리스트를 쓰기 시작했어요. 새롭게 배우게 된 것이나, 할 수 없었는데 할 수 있게 된 것에 초점을 맞추어서 써봤습니다.

- 문화기획자로서의 정체성, 지향하는 가치를 명확하게 정리했다.
- 독립된 주체로서 나만의 콘텐츠를 만들어 소개하고 시장성을 확인했다.

- 문화예술 및 브랜드 영역에서 내가 진짜 하고 싶었던 일을 맡는 기회를 얻었다.
- 두 개의 브랜드를 직접 개발해, 브랜드를 만들고 운영하는 감각을 배웠다.
- 스타트업부터 대기업까지 다양한 브랜드의 정체성 정립을 도왔다.

(…)

리스트 형태로 쭉 쓰다보니, 감정에 빠져 보지 못하고 있던 것들이 보였어요. 첫째로, 저는 '브랜드를 만드는 일' 자체를 가장 즐거워한다는 사실을 발견했어요. 또한 제가 잘하지 못하는 일, 마음이 움직이지 않는 일이 무엇인지도 알게 되었습니다. 저는 단기적으로 성과를 내야 하는 일에 약했어요. '내가 못하는 일'을 솔직하게 인정하는 것이 쉽지는 않았지만 '내가 그동안 그쪽으로 경험을 쌓아오지 않았으니 당연한 일 아닌가?' 생각하니 마음이 편해지기도 했습니다.

그렇게 하나씩 짚어나가다보니 더 잘해보고 싶은 것, 집중하고 싶은 것이 무엇인지도 알게 되었어요. 긴 호흡으로 관계 맺으며, 고유의 문화나 철학을 쌓아나가는 일이 내게 맞는다는 것을 알게 되었고 당분간 그 일에 집중해보기로 결심했습니다.

어떤 일을 잘하기 위해서는 시간을 쓰는 것만큼 좋은 방법이 없다는 생각이 듭니다. 그렇기에, 쌓아온 시간을 들여다보면 자연스레 연마해온 나의 '잘함'을 발견할 수 있을 거예요. 어떤 일에 시간을 써왔나요? 그중에서 더 잘하고 싶은 일은 무엇인가요?

지속 가능하게 일하기 위해 바꾸거나
그만두어야 할 것은 무엇일까?

우리가 내리는 결정이 우리의 정체성을 규정한다.

말린 쉬위, 『일기 여행』, 산지니

이 문장을 읽고 얼마나 공감했는지 모릅니다. 회고는 어쩌면 작은 결정들을 내리는 과정 같기도 해요. 그중에서도 '과감하게 그만둘 것'을 결정하는 일은 정말 중요합니다. 무언가를 새로 시도하는 일보다, 해오던 것을 그만두는 일이 더 어렵더라고요.

과거의 저는 주어진 일을 잘해내는 것에 익숙했어요. 누군가 "이런 일도 가능한가요?"라고 물으면 어떻게든 되는 방향으로 추진해냈죠. 기획자로 일하면서 나보다는 타인의 욕구를 파악하는 데 많은 시간을 써왔어요. 그런데 어느 날, 그 방식이 저를 행복하게 하지 않는다는 걸 깨달았어요. 내가 나의 일을 스스로 통제하지 못하고 외부의 제안에 따라 흔들린다는 느낌을 계속해서 받았거든요. 일하는 방식을 바꿔야겠다고 결심했어요.

저는 기획을 좋아하기에 이 일은 계속하고 싶었어요. 다만 상대방이 원하는 것을 무조건 해주기보다는 저만의 방식이나 콘텐츠를 기반으로 '협업'하며 일하고 싶다는 생각이 들었어요. 그날 노트에 이런 문장을 적었어요.

'나만의 콘텐츠와 일의 영역을 분명하게 하자. 나는 어떤 브랜드인가, 라는 질문에 대한 답을 더욱 명확하게 해보자. 내가 하고 싶은 방식으로 일을 재해석하고 제안하려고 애쓰자.'

신기하게도 1년쯤 지난 지금, 그때보다 제가 원하는 방향에 가깝게 흘러가고 있다는 걸 느껴요. 여러분도 한번 적어보세요. 내가 오래 건강하게 일하기 위해서 바꾸거나 그만두어야 할 것이 있다면 무엇인가요?

나의 일을 만들어가면서 '절대 이렇게는 되고 싶지 않다'고 생각하는 '최악의 시나리오'는 무엇일까?




생각한 대로 일이 흘러간다면 얼마나 좋을까요. 저는 올해 분명 '창작에 집중하는 시간을 보내야지'라고 마음먹었는데요. 정신을 차려보니 수많은 외주 프로젝트에 허덕이고 있더라고요. 왜 이렇게 됐는지 생각해보니 그것 또한 제 욕심 때문인 것 같았어요. 당장의 쓸모를 증명하고 싶은 조급함, 눈앞의 보상과 성과에 흔들린 거예요. '멋져 보이고 싶은 마음, 빠르게 반짝이고 싶은 마음이 내 안에 있었구나'라는 생각이 들었어요.

'이러면 안 되겠어' 결심하고 여러 제안들을 과감하게 거절하는 연습을 하고 있어요. 사실 거절의 메시지를 쓸 때마다 혼란스럽습니다. '내가 이래도 될까. 너무 배부른 소리를 하는 게 아닐까', '벌 수 있을 때 더 벌어야 하지 않겠어? 일이 없어서 고민인 시절도 있었는데' 이런 목소리가 내면에서 올라와 스스로를 불안하게 만들기도 하지만, 그래도 나에게 중요한 것을 지키기 위해 꼭 필요한 결정이라는 걸 되새기고 있어요.

이렇듯 결단을 내려야 하는 순간에는 '내가 되고 싶은 모습'보다는 '내가 되고 싶지 않은 모습'을 구체적으로 떠올리는 것이 오히려 도움이 됩니다. '내가 되고 싶은 모습'은 매번 바뀌기도 하고, 구체적으로 그리기가 어려운데요. 신기하게도 '내가 되고 싶지 않은 모습'은 또렷하게 그려지거든요.

워크숍을 하면서도 '되고 싶지 않은 모습'이 무엇인지 질문을 자주 건넵니다. '무례한 꼰대는 되지 말자', '이름 모를 회사에서 노예 엔딩' 등 각자의 마음속에 숨어 있던 '최악의 시나리오'들을 꺼내놓다 보면 자못 결연한 다짐에 웃음이 나오기도 하고, '내가 이런 것을 두려워하는구나' 깨닫게 되기도 해요.

## Try

내가 꿈꾸는 것, 시간이 오래 걸리더라도 이루고 싶은
지향점을 발견하게 하는 질문들

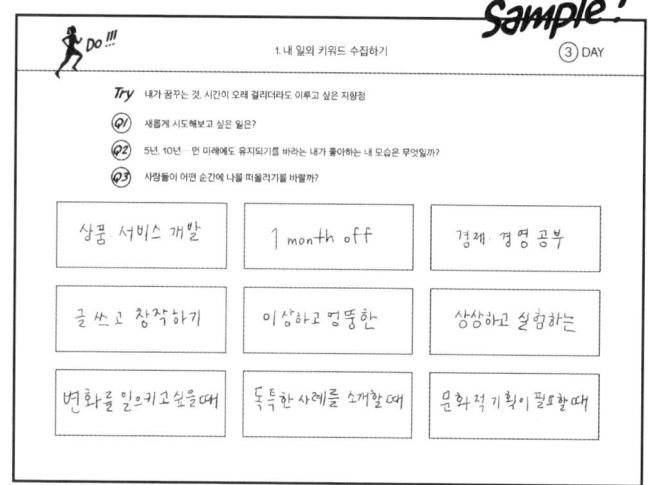

**Q1** 새롭게 시도해보고 싶은 일은?

### Hint!

• 현실 가능성은 일단 내려놓으세요. 현실적으로 '안 될 이유'를 꼽으며 제외하지 말고 '내가 시도하고 싶은 일'이라면 무엇이든 일단 써보세요. 조금은 허무맹랑하게 느껴져도 좋아요. (***ex.*** 빈집 재생하기, 로컬 브랜드 만들기 등)

• 시도해보고 싶은 일이라고 해서 꼭 원대할 필요는 없어요. 막연하게 '나 언젠가 이런 거 해보고 싶은데'라고 생각했다면 무엇이든 좋습니다. (***ex.*** 독립출판, 해외 북페어 나가보기, 자유롭지만 안전한 팀워크 등)

**5년, 10년… 먼 미래에도 유지되기를 바라는 내가 좋아하는 내 모습은 무엇일까?**

*Hint!*
- 나는 어떤 순간의 내 모습을 좋아하나요? '업무'나 '조직', '돈을 버는 일'을 떠나 나만이 알고 있는 나의 특징을 써보세요. (***ex.*** 오래된 물건을 수집하는, 궁금한 것을 집요하게 파고드는, 엉뚱한 것을 실험하는, 좋아하는 것을 함께하자고 나누는 등)
- 딱히 누가 시킨 것도 아니고, 돈이 되는 것도 아닌데 내가 열을 올리며 하는 일이 무엇인지 적어보아도 좋습니다. (***ex.*** 공간을 정리하고 꾸미는, 제철 식재료로 요리하는, 식물을 키우는, 점심 시간에 동료들과 함께 갈 곳을 찾아보는 등)

 **사람들이 어떤 순간에 나를 떠올리기를 바랄까?**

*Hint!*
- 내가 어떤 순간에 떠오르는 사람이었으면 하나요? "〔           〕이(가) 필요할 때 떠오르는 사람"이라는 문장을 완성한다고 생각하고 빈칸을 채워보세요. '마케팅이 필요한 일', '커피가 필요한 일'처럼 두루뭉술하게 표현하기보다는 구체적인 언어로 쓰는 것이 좋습니다. (***ex.*** 새로운 상상력이 필요한 일, 예술과 기업 사이를 연결하는 일, 말랑말랑한 말과 글을 다루는 일 등)
- 일 제안을 받는다고 상상해보세요. 어떤 연락이 오면 뛸듯이 기쁠 것 같나요? 실현가능성은 고려하지 마세요. 내가 생각하는 그대로 이루어진다면 어떤 일이 벌어지기를 바라나요? 방 안을 뛰어다니고 싶을 정도로 신나고 벅찰 것 같은 일을 생각해보세요. (***ex.*** 문화예술공간의 경험 개선 프로젝트 의뢰, 문화유산을 복원해달라, OOO 밴드의 콘서트 기획 등)

✔ 질문을 순서대로 읽으며, 떠오르는 것을 키워드로 표현해보세요.
✔ 유사하게 느껴지는 키워드를 서로 연결하거나 비슷한 색으로 칠해보세요.
✔ 나에게 중요하게 느껴지는 키워드에 표시해보세요.

새롭게 시도해보고 싶은 일은 무엇일까?

　　많은 사람들이 하고 싶은 일을 떠올릴 때 현실 가능성을 지나치게 많이 생각합니다. 자꾸만 '안 될 이유'를 찾아요. '나는 게을러서 안 될 것 같아', '그 일을 하려면 돈이 많이 들어.' 저 역시 그랬습니다. 그러다보니 아무 일도 벌어지지 않았어요. 어느 날, 답답한 마음이 들었습니다. 해보지 않으면 알 수 없는 건데, 그냥 다 해보면 어떨까? 내 인생에서 한 번쯤은 그런 시기가 있어도 좋지 않을까? 해보고 싶은 거 다 해보는 시기.

　　그 생각을 한 뒤로, 막연하게 궁금한 일, 해보고 싶은 일들을 하나씩 시도하기 시작했어요. 공연을 만드는 일도 해보고 싶었고, '로컬'이라 불리는 영역도 궁금했고, '커뮤

니티'라는 개념을 탐구해보고도 싶었어요. 생활예술 분야에도 관심이 많았죠. 마음이 맞는 동료와 회사를 차리고 싶었고, 내 이야기를 담은 책도 만들고 싶었어요. 다양한 도시와 나라를 넘나들며 일하고 싶었죠. 5년이 지난 지금 돌아보니, 목표한 것을 다 이루었더라고요. 나에게 맞는 일도 있었고 맞지 않는 일도 있었지만, 확실한 건 이전과는 다른 내가 되어 있었단 사실이에요.

드라마 〈이태원 클라쓰〉에 이런 대사가 있습니다. '네가 너인 것에 다른 사람들을 납득시킬 필요는 없다'고. 지금은 다른 사람에게 설명할 수 없는 막연한 꿈일지라도, 내가 나를 믿어준다면 오래 걸려도 현실이 되는 것 같아요. 생각은 방향을 만드는 법이니까요.

5년, 10년… 먼 미래에도 유지되기를 바라는
내가 좋아하는 내 모습은 무엇일까?


"저는 일 경험이 없어서요."

"저는 요즘 일을 쉬는 중인데요…. 이것도 일이라고 할 수 있을까요?"

워크숍에서 많이 듣는 말입니다. 일에 대한 대화를 자주 나누다보니 은근히 우리에게 일에 대한 편견이 있다는 걸 알게 됐어요. 돈을 받고 하는 것, 쓸모가 있는 것, 조직에 속해서 하는 것… 이런 것만 일이라고 생각하기 쉽죠. 일을 '처리해야 할 업무'보다는 '활동'이라고 생각해보세요. '이건 일이고, 이건 일이 아니야'라고 구분 짓기보다는 '나는 어떨 때 재미를 느끼지? 나는 나의 어떤 모습을 좋아할까?' 생각해보고 그것을 지속할 수 있는 방법을 찾아보는 거예요.

제가 지금 하고 있는 일 중에서도 '일'로 생각하지 않다가 '어라?' 하고 연결된 경우가 많아요. 저는 오래된 물건을 정말 좋아합니다. 여행 가면 꼭 빈티지 숍 투어를 하고, 에어비앤비를 통해 빈티지 가구로 집을 꾸민 호스트의 집을 찾아 머물러요. 한때는 1960년대 인형을 수집하며 블로그에 이야기를 기록하는 일에 몰두하기도 했어요. 요즘은 가구들의 위치를 바꾸며 편안한 공간을 만드는 일에 심취해 있고요. 가구점에서 일하거나, 빈티지 상점을 할 생각은 없었어요.

그런데 제가 흥미를 가지고 하는 활동을 가만히 들여다보니 저는 이야기를 탐구하고, 그것을 보기 좋게 정리하고, 구조를 짜는 일을 좋아하는 사람이더라고요. 그 특성을 일에 그대로 적용할 수 있었습니다. 공간을 기획할 때는 제가 모아온 골동품이나 빈티지 소품으로 공간을 연출했어요. 브랜드 컨설팅을 할 때는 이야기를 파헤치고 정리하던 '디깅력'이 도움되기도 했습니다. 내가 '일'이라고 생각하지 않았던 것을 다시 한번 들여다보세요. 무엇이 나의 일이 될 수 있을지 상상하면서요.

사람들이 어떤 순간에 나를 떠올리기를 바랄까?




'정확한 사랑'이라는 표현을 좋아합니다. 저는 예전부터 누군가가 저를 좋아한다고 하면 "내가 왜 좋아?"라고 물어보곤 했어요. 상대방이 조금은 이상하고 독특한, 저만이 가진 특징을 탁 짚어주면 그렇게 기쁠 수가 없더라고요. 정확하게 이해받고, 내가 바라는 방식으로 사랑받고 싶은 마음은 모두에게 있을 거라고 생각해요. 그리고 그건 일에 있어서도 마찬가지일 거예요. 내가 믿는 진짜 내 모습, 내가 좋아하는 내 모습을 상대가 알아보고 정확하게 불러주었을 때 기분도 좋고 일도 더 잘하게 되거든요.

일하는 방식으로 정확하게 이해받고 내가 좋아하는 모습으로 일하고 싶다면, 일단 나부터 내 마음을 알아야 합니다. 그런데 그러려면 일단 내 마음이 어디로 향하고 있는지 먼저 알아야 해요. 좋아하는 방식으로, 원하는 모습으로 일하는 내 모습을 떠올려보세요. 엉뚱하고 정리되지 않은 언어로 표현해보세요. 언어보다는 이미지나 감각에 가까울 수도 있어요. 보기 좋은 언어로 정제하려다가 '에이, 모르겠다. 내가 아직 부족한가봐' 하고 그만두게 되는 경우가 많은데요. 적어도 이 질문에서만큼은 자유롭게 써보기를 추천해요.

눈을 감고 상상해보세요. 누군가가 나에게 "우리 같이 일해요", "OO님에게 이런 일을 부탁하고 싶어요"라고 제안한다면, 나는 어떤 맥락의 연락을 받고 가장 기쁠지를요.

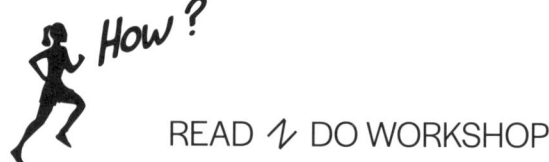

READ & DO WORKSHOP

# HOW TO DO
# 2

키워드를 바탕으로 방향성 정리하기

내가 유지할 것, 과감하게 버릴 것, 새롭게 시도할 것은 무엇일까?

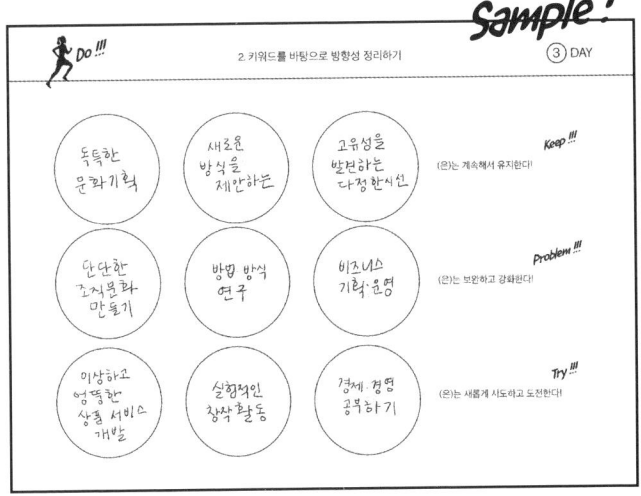

 아홉 개의 질문에 답하면서 많은 키워드들이 모였을 거예요. 이제 그 키워드를 기반으로 향후 3개월, 혹은 6개월, 1년 등 너무 길지 않은 기간 동안 내가 나아갈 방향의 원칙을 정해보기로 해요. 만약 포스트잇에 작성했다면 모든 키워드를 한눈에 볼 수 있도록 펼쳐놓아주세요. 큰 책상이 있다면 그 위에 놓아도 좋고, 벽에 붙여도 좋습니다. (다만, 카테고리별 키워드가 섞이지 않도록 주의해주세요. 각 카테고리 내의 키워드는 섞여도 무방합니다.) 내가 쓴 키워드 중

중요한 것이 있다면 있는 그대로 옮겨 적어도 좋고, 여러 가지 키워드를 조합하거나 새로운 키워드를 써넣어도 좋습니다. 진지하고 치열하게 '나와의 전략 회의'를 시작해보세요.

**Keep** : ~(은)는 계속해서 유지한다.

이미 내가 가진 좋은 것을 인정하고 드러내기 위한 키워드를 먼저 결정해볼게요. 먼저, 'Keep' 카테고리의 질문을 통해 수집한 키워드를 보며 첫 번째 문장을 완성해보세요. 이미 내가 가지고 있는 것 중에서 좋은 것, 계속해서 유지되기를 바라는 것, 다른 사람들에게도 확실하게 알려주고 싶은 것 등을 세 가지 키워드로 표현해보세요.

**Problem** : ~(은)는 보완하고 강화한다.

두번째로는 나의 강점으로 키워보고 싶은 키워드를 결정할 거예요. 'Problem' 카테고리의 질문을 통해 수집한 키워드를 보며 두 번째 문장을 완성해보세요. 내가 해왔던 일들 속에서 더욱 잘해내고 싶은 것, 강점으로 키워보고 싶은 것, 다른 사람들에게도 그렇게 인식되기를 바라는 것 등을 세 가지 키워드로 표현해보세요.

**Try** : ~(은)는 새롭게 시도하고 도전한다.

마지막으로는 시간이 조금 걸리더라도 시도해보고 싶은, 먼 미래 또는 내 꿈(지향점)과 연결되어 있는 키워드를 결정합니다. 'Try' 카테고리의 질문을 통해 수집한 키워드를 보며 세 번째 문장을 완성해보세요. 지금까지 해본 일은 아닐지라도(또는 미미할지라도) 앞으로 나의 일에서 새롭게 시도하고 도전하고 싶은 것, 언젠가는 이루고 싶은 것 등을 세 가지 키워드로 표현해보세요.

✔ 우리는 '일'의 관점으로 방향성을 정리하고 있는 것이기 때문에 지나치게 개인적인 다짐을 적지 않도록 노력해보세요. (ex. 영어 공부하기, 아침에 일찍 일어나기, 세계 여행, 게으름 부리지 않기, 내려놓는 마음, 일정에 맞춰서 일하기 등)

✔ 단어를 써넣는 것이 어렵다면 우선 포스트잇을 빈칸에 옮겨 붙이며 지금 나에게 가장 중요하게 느껴지는 키워드를 선택하세요.

✔ 완벽하지 않아도 괜찮습니다. 딱 떨어지게 깔끔한 언어가 아니어도 괜찮아요. 나 스스로 '이거야!'라고 느껴지는 것을 일단 써놓으면, 자연스럽게 내 마음은 그 말을 따라 흘러가게 됩니다.

✔ 이렇게 스스로 결정한 키워드는 이후 내 일의 우선순위가 되어 중요한 선택을 내리는 기준이 됩니다. 눈에 잘 보이는 곳에 붙여두고 지금 내가 어디로 나아가고 싶은지 계속해서 떠올려주세요.

내가 유지할 것, 과감하게 버릴 것,
새롭게 시도할 것은 무엇일까?


'일'에 대한 고민은 끊이지 않기에, 어느 순간 머릿속에 생각이 가득 차서 답답하게 느껴질 때가 있습니다. 여러분도 마찬가지일 거예요. 그래서 주기적으로 생각을 '정리'하는 시간을 갖는 것이 중요합니다.

Keep, Problem, Try 세 가지 카테고리의 질문을 띄워 놓고 키워드로 생각을 쏟아낸 후, 카테고리별로 딱 세 개씩만 걸러내는 거예요. 수많은 키워드들 중 딱 세 개를 고르는 과정에서 자연스럽게 복잡한 머리를 비우게 됩니다. 그러면서 스스로를 발견하게 되기도 해요. '아, 지금 내가 이런 일을 더 잘하고 싶구나', '요즘의 나는 이런 마음이구나' 하면서요.

머릿속에서 뿌옇게 맴돌던 생각을 키워드의 형태로 구체화하고, 꼬불꼬불한 글씨일지라도 일단 써서 눈앞에 펼쳐놓는 과정에서 우리는 저도 모르게 아주 중요한 '결정'을 내리는 것 같습니다. 처음 작업을 할 때는 그 의미를 몰랐습니다. 써놓은 종이를 파일에 끼워둔 채 한참 잊고 지내다, 일 년쯤 시간이 흐른 후 다시 열어보고 깜짝 놀랐어요. 제가 써놓은 방향대로 일 년을 보냈기 때문이에요. 무의식 중에 내가 그때의 생각을 따라 살았다는 걸 알았죠. 매일 인지하며 살지 않아도, 생각을 한번 정리하고 나면 자연스럽게 내가 어느 방향으로 걸어야 할지 알게 되는 것 같아요.

이렇게 내가 주체적으로 '선택'하고 '결정'하고 나면, 지난 시간에 대한 아쉬움이나 미련도 옅어집니다. 다음으로 나아갈 수 있게 되죠. '죽이 되든 밥이 되든, 일단 선택했으니 나를 믿고 다음으로 가보자!' 하는 마음가짐이 된다고 해야 할까요. 그렇게 작은 결정들을 내리는 경험을 반복하다보면, 큰 결정을 내려야 하는 순간에서도 나를 믿고 주체적으로 선택하는 힘이 생깁니다.

READ & DO WORKSHOP

# HOW TO DO
# 2

나의 본질 정의하기

나는 나를 어떤 사람이라 믿으며 일할까?

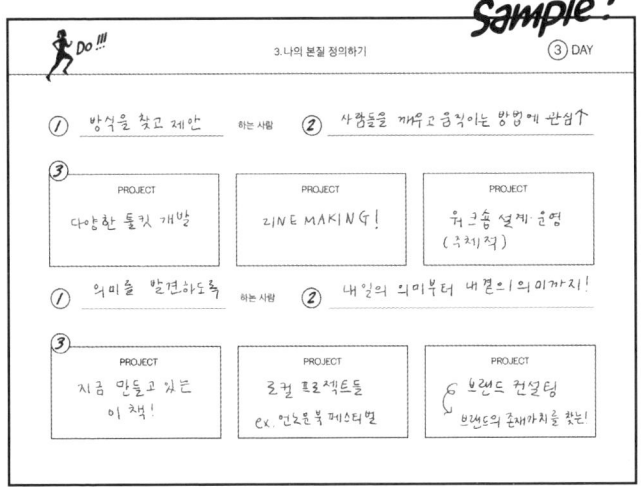

① '나'를 새로 정의하기

내가 결정한 방향성을 참고해 '나'라는 사람을 새롭게 정의해 보세요. 소속된 조직이나 사회가 부여한 역할에서 벗어나 다른 언어로 나를 표현하는 거예요. 나는 어떤 일을 하는 사람일까요? 어떤 정체성을 가지고 일하고 싶을까요?

우리의 정체성과 이야기는 계속해서 변화합니다. 과거에 너무

매몰되지도, 불안한 현재 때문에 흔들리지도, 아직 가닿지 못한 꿈에 젖어 허무해지지도 않도록 '과거—현재—미래'를 모두 살피는 균형을 유지하며 스스로를 표현해보세요.

'오랜 시간을 통해 만들어온, 계속해서 유지하고 싶은 나의 모습(과거)'과 '요즘 집중하고 있는, 더욱 드러내고 싶은 모습(현재)', '새롭게 만들어가고 싶은 모습(미래)'를 생각하며 각각의 내 모습을 "_____ 하는 사람"으로 표현해보세요. 조직 내 직책이나 직무를 떠나 새로운 표현, 쉬운 표현으로 써보는 것을 추천합니다. (*ex.* 예술과 경영 사이를 연결하는 사람, 경험을 디자인하는 사람, 브랜드를 만드는 사람, 스토리를 정리하는 사람 등)

### ( 2 ) 왜 그렇게 정의했나요?

빈칸을 채웠다면 그 표현이 스스로 마음에 드는지 살펴보세요. 그리고 오른쪽 칸에 내가 스스로를 그런 사람이라고 믿는 이유 혹은 추가하고 싶은 설명을 적어보세요. 이 과정을 통해 내가 정말로 그런 사람인지, 이런 정체성으로 일하고 싶은 것이 맞는지 등의 생각을 솔직하게 정리할 수 있습니다.

**③** 그 정체성으로 해온 일은 어떤 것들이 있나요?

이 작업을 통해 나에게 편안한 방식으로, '일하는 나'를 정의할 수 있습니다. 만약, 나의 일을 설명하는 포트폴리오를 만들고 싶은 상황이라면 여기에서 정리한 키워드를 활용해 포트폴리오를 정리할 수도 있습니다. '~하는 사람'으로서 해왔던 경험들을 각 카테고리에 맞게 정리해보세요. 조직을 기준으로 쓰거나 시간 순서에 따라 나열하는 이력서와는 다른, 새로운 방식의 포트폴리오를 만들게 됩니다.

나는 나를 어떤 사람이라 믿으며 일할까?

3일 차는 '정리'와 '결정'을 하는 날이라고 말씀드렸었지요. 3일 차의 마지막 작업은 '일하는 나'의 정체성을 결정해보는 것으로 마무리하려고 합니다. 가끔 '나'의 정체성을 섣불리 정의하는 것을 망설이는 분들을 만나기도 해요. "제 마음이 바뀌면 어떡해요? 저는 하고 싶은 게 너무 많은데, 하나로 결정하는 게 두려워요"라고요.

미래의 일은 모르는 거니까, '나'의 가능성을 쉽게 단정지어버리는 게 두렵게 느껴질 수 있어요. 지금의 내가 모르는 것을 미래의 나는 알게 될 수도 있고, 또 오늘은 하고 싶은데 내일은 하기 싫을 수도 있죠. 그런 변화를 당연하게 여기고 '내일 바꿔도 된다'는 생각으로 일단 '지금의 버전'

을 정해보는 거예요. 제일 중요한 건 솔직해지는 것입니다. 남의 눈치 보지 말고, 안 될 것 같다는 섣부른 검열도 하지 말고, 나의 부족함도 잊어버리고, 그냥 내가 생각하는 '나'를 일단 써서 눈으로 확인해보는 게 필요해요.

대신 저는 조금 색다른 방식으로 스스로를 정의해보기를 권합니다. '퍼포먼스 마케터', '작가', '심리상담가' 등 이미 사회적으로 명명된 '직업'의 이름이 아니라 '~하는 사람'으로 표현해보면 어떨까요? 신기하게도 이렇게 표현 방식을 바꿔보는 것만으로도 '나'를 다르게 바라볼 수 있게 됩니다. 우리를 둘러싼 일의 맥락은 계속해서 변하잖아요. 뜻하지 않게 퇴사하기도 하고, 해왔던 일을 그만두고 다른 일을 시작하게 될 수도 있죠. 저만 해도 제 직업의 이름이 계속해서 바뀌었고, 지금도 함께 일하는 사람들마다 저를 'PD', '기획자', '작가', '사장' 등 다양한 호칭으로 부르거든요.

그런데 '~하는 사람'으로 표현해보니 따로 떨어져 있

는 것 같았던 경험들이 하나로 엮이더라고요. '숨은 가치를 찾아 제자리를 찾아주는 사람'이자 '이야기를 정리하는 사람', '서로 다른 존재들을 연결하는 사람'… 제 일을 표현하는 이름은 계속해서 바뀌어도, 저라는 사람의 '본질', 일하는 정체성은 한 번도 변한 적 없다는 걸 알게 됐어요. 이력서를 쓸 때와 달리 저의 지난 경험들이 새롭게 재배치되는 것 같아 짜릿하게 느껴졌습니다.

여러분은 어떤 일을 하는 사람인가요? 내가 좋아하는 언어를 골라 명명해보고, 그 정체성으로 해온 일들을 적어도 보고, 스스로를 믿어주세요. 내가 나를 진심으로 믿게 되면, 남들이 뭐라 해도 쉽게 흔들리지 않습니다.

# READ ✓ DO WORKSHOP
# DO MYSELF

오늘의 워크숍 소요시간 : 90분

# Do !!!
## 아홉 가지 질문으로 내 일의 키워드 수집하기

## Keep

내가 오랫동안 시간을 써온 것, 이미 가지고 있는 좋은 것

소요 시간 : 10분(질문당 2~3분)

**Q1** 내가 오랫동안 해왔던 일, 이것만큼은 확실히 잘할 수 있다고 약속할 수 있는 일은 무엇일까?

**Q2** 누군가에게 들었던 칭찬이나 피드백 중 기억에 남는 것이 있다면?

**Q3** 나를 좋아해주는 사람, 자주 연결되는 사람들의 공통점은?

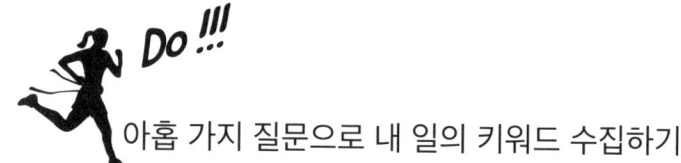

## 아홉 가지 질문으로 내 일의 키워드 수집하기

## Problem

내가 강점으로 키워보고 싶은 것,
차별화하고 싶은 특징을 발견하게 하는 질문들

소요 시간 : 10분(질문당 2~3분)

**Q1** 내가 지금까지 해왔던 일들 중, 더 잘해보고 싶은 일은 무엇인가?

**Q2** 나의 일을 만들어가면서 '절대 이렇게는 되고 싶지 않다'고 생각하는 '최악의 시나리오'는 무엇일까?

**Q3** 지속 가능하게 일하기 위해 바꾸거나 그만두어야 할 것은 무엇일까?

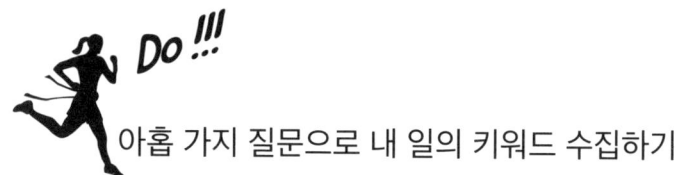

# 아홉 가지 질문으로 내 일의 키워드 수집하기

## *Try*

내가 꿈꾸는 것, 시간이 오래 걸리더라도 이루고 싶은
지향점을 발견하게 하는 질문들

소요 시간 : 10분(질문당 2~3분)

**Q1** 새롭게 시도해보고 싶은 일은?

**Q2** 5년, 10년… 먼 미래에도 유지되기를 바라는
내가 좋아하는 내 모습은 무엇일까?

**Q3** 사람들이 어떤 순간에 나를 떠올리기를 바랄까?

## 키워드를 바탕으로 방향성 정리하기

소요 시간 : 30분

## 내가 유지할 것, 과감하게 버릴 것, 새롭게 시도할 것은 무엇일까? ②

Keep !!!

3 (은)는 계속해서 유지한다!

Problem !!!

3 (은)는 보완하고 강화한다!

Try !!!

3 (은)는 새롭게 시도하고 도전한다!

## 나의 본질 정의하기

① _____ 하는 사람

② _____

③

| PROJECT |
|---|
|  |
|  |
|  |

소요 시간 : 30분

나는 나를 어떤 사람이라 믿으며 일할까?

## ①

하는 사람

---

## ②

---

## ③

| PROJECT |
|---|
|  |
|  |
|  |

READ ⩕ DO WORKSHOP

DATE:

CONTENTS:

# 연결과 마감 : 나의 일 확장하기

# HOW TO DO 1

나와 연결되고 있는 사람들 확인하기

# HOW TO DO 2

내 일의 가치 파악하기

# HOW TO DO 3

나의 일 선언하기

어느덧 4일 차입니다. 오늘은 내가 좋아하는 것을 일로 만들고 유지하기 위해 '확장과 연결'을 생각하는 날입니다. 3일 차까지는 내 마음이 가리키는 방향을 읽어내며 다양한 힌트를 수집하는 데 집중했는데요. 이제 우리의 시선은 나를 벗어나 일로 연결되는 다른 사람들로 옮겨갑니다.

나와 함께 일하는 사람들을 생각하며 상대방의 입장에서 '나의 일'을 새롭게 바라보고 정의하는 시간을 가질 거예요.

READ & DO WORKSHOP

# HOW TO DO
# 1

나와 연결되고 있는 사람들 확인하기

나는 누구와 어떻게 연결되고 싶을까?

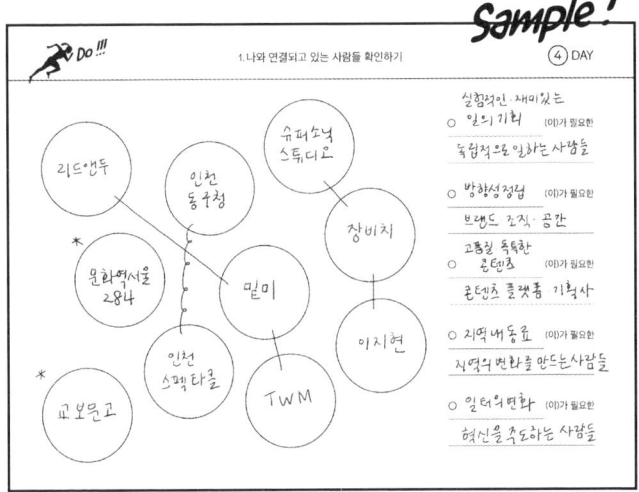

나와 연결되는 사람 찾기

나는 일을 통해 어떤 사람들과 주로 연결되고 있나요? 최근의 일 경험을 떠올려보고 동그라미 안에 구체적인 인물의 이름, 최근 함께 일했던 조직 등을 써봅니다. 동그라미를 다 채우기 어렵다면, 앞으로 함께 일해보고 싶은 인물이나 조직을 추가로 써주세요.

동그라미를 채울 때는 떠오르는 대로 메모하듯 쓰되, 부정적

이었던 일 경험 또는 앞으로 연결되고 싶지 않은 사람들은 제외합니다. 또한, 개인적인 친분 관계도 제외해주세요. 긍정적인 일 경험의 파트너들, 앞으로 함께 일하고 싶은 사람들을 그리며 적는 것이 중요합니다.

동그라미를 다 채웠다면 한번 살펴보세요. 비슷하게 느껴지는 인물 혹은 조직을 같은 색이나 기호로 먼저 표시하며 유형을 분류해보세요.

### 나와 연결되는 사람들의 특징 찾기

나는 어떤 종류의 사람들과 연결되고 있나요? 그 사람들은 왜 나와 함께 일하고 있을까요? 나의 어떤 면 때문에 계속해서 일을 부탁하는 걸까요? 내가 그들에게 주고 있는 것은 정확하게 무엇일까요? 나는 주로 무엇을 필요로 하는 사람들과 연결되고 있는지 오른쪽의 빈칸을 채워보세요.

'기획이 필요한', '일할 사람이 필요한'과 같은 피상적인 이유를 적기보다 '왜 하필 나였을까?', '나만이 줄 수 있는 것이 있었을까?' 스스로에게 물으며 조금 더 구체적인 단어를 쓰려고 노력해보세요. 채워진 빈칸의 표현을 보며 '내가 이런 방식으로 일하고 싶은 것이 맞을까?' 스스로 점검합니다.

처음부터 완벽한 답변을 채워야 한다는 강박을 내려놓으세요. 초안이라 생각하며 내 머릿속에 떠오르는 것을 있는 그대로 메모하듯 적습니다. 생각을 꺼내 일단 펼쳐놓는 것이 중요합니다. 그 후, 내가 쓴 내용을 살펴보며 추가로 떠오르는 내용을 덧붙이거나 함께 일한 사람들이 나에게 들려주었던 말을 생각하며 보완해보세요. 이것 역시 완벽하게 작성하지 않아도 괜찮습니다. 우리는 뒤에서 더 많은 작업을 할 테니까요!

나는 누구와 어떻게 연결되고 싶을까?

 

'나의 일'에 대해 고민하다보면 놓치기 쉬운 것이 있습니다. '나는 내 일을 통해 어떤 사람들과 연결되고 싶을까?'라는 질문이에요. 워크숍에서 이 질문을 나누면 "한 번도 생각해본 적 없었어요…" 하며 놀라는 경우가 많아요. '내가 잘하는 게 있을까?', '나는 뭘 좋아할까?', '내가 독립적으로 돈은 벌 수 있을까?'와 같은 질문들에 빠져 정작 '어떤 사람들과 함께 일하고 싶을까?'를 질문한 적이 없었다는 거예요.

저 역시 그랬습니다. 처음 회사에서 나와 독립적으로 일하기 시작했을 때, 두려움이 너무 컸습니다. 과연 내가 조직 바깥에서 살아갈 수 있을까? 누가 나에게 일을 줄까?

나는 이 사회에서 어떤 역할을 할 수 있을까? 그보다, 내 자리가 없으면 어떡하지? 불안한 마음이 커지다보니 일의 기회가 생기면 가리지 않고 무조건 다 하겠다고 했습니다.

그렇게 일을 하니 주도적으로 '일을 끌어간다'기보다 '주어진 일을 해낸다'는 느낌이 더 컸습니다. 저를 믿고 일을 주겠다고 하는 것은 고맙지만, 그 제안이 별로 달갑지 않은 경우도 있었습니다. 그러다보니 일을 즐기기보다 '돈 벌려면 해야지'의 태도로 대하거나, '내가 얻을 수 있는 것'을 과하게 따지기도 하더라고요.

내가 왜 이럴까? 왜 주어진 상황에 감사하지 못하고 불평을 하지? 그러다 일을 바라보는 시선을 바꿔보기로 했어요. '할 수 있는 일' 말고, '하고 싶은 일'을 생각하기로 한 거예요.

"현실 가능성을 따지지 말고, 나에게 어떤 일 제안이 오면 가장 기쁘고 설렐까?"

나는 어떤 사람과 연결되고 싶을까? 그 사람과 어떤

방식으로 연결되었을 때 방 안을 뛰어다니고 싶을 만큼 신날까? 이 질문을 스스로에게 던져보니 너무 재미있었어요. 그래서 주변에도 자주 이 질문을 나누기 시작했습니다. 그럴 때마다 상대방의 얼굴에 꿈꾸는 듯 빛이 떠오르는 것을 보게 돼요. 내 일에 대해 마음껏 상상의 나래를 펼쳐보는 거죠.

이 상상을 할 때는 연결되고 싶은 사람을 최대한 구체적으로 그리라고 권합니다. 가능하면 브랜드나 그 사람의 이름까지 써보는 것이 좋아요. 그리고 상대방이 나에게 정확하게 어떤 일을 부탁하면 기분 좋을지도 떠올려보세요. 구체적으로 상상하려면 내가 이미 연결되어본 사람들로부터 출발하는 것이 좋습니다.

아, 그때 그 사람이랑 일한 것이 참 좋았어. 그게 왜 그렇게 좋았을까? 그 사람은 어떤 사람이지? 깊이 생각해보는 거예요. 그리고 그 사람과 내가 어떻게 연결되었는지도 떠올립니다. 그 사람은 어떤 조직에서 일하지? 평소 일에 대해 어떤 고민을 가지고 있을까? 일할 때 나에게 무엇을 바랐을까? 그것을 내가 잘 풀어주었나? 그 사람은 나와 함께했을 때 어떤 감정을 느꼈을까? 그렇게 깊이 파내려가다 보면, 나에 대한 의외의 힌트를 발견하기도 합니다.

이 워크숍을 함께했던 한 디자이너는 최근 자신과 일했던 사람들이 '새로운 일을 시작하는' 경우가 많았다는 걸 깨달았어요. 그리고 자신이 그들이 생각을 구체화할 수 있도록 '기획력을 기반으로 한 디자인'을 제공했다는 사실을 발견했죠. 그 역할에 스스로 만족했고요. 이 작업을 마친 후 "앞으로 이 역할을 더 잘해봐야겠어요."라고 말했답니다. 저는 이런 '재정의' 과정을 함께하는 걸 좋아해요. 만약 이렇게 살펴보지 않았다면 스스로도 '그냥 디자인할 사람이 필요했겠지' 정도로 생각하고 넘어갔을지 몰라요. 스스로 힌트를 발견한 사람의 일은, 이전과는 확연하게 달라질 수밖에 없답니다.

READ & DO WORKSHOP

# HOW TO DO 2

내 일의 가치 파악하기

나는 어떤 문제를 어떻게 풀어주고 있을까?

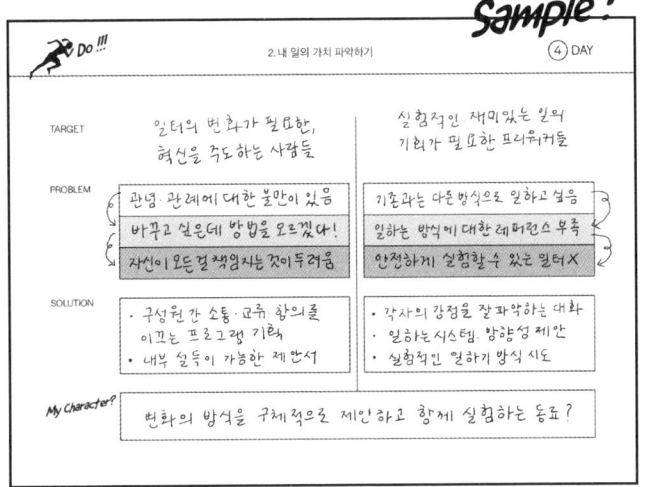

TARGET

앞서 작성한 툴킷을 참고해 '앞으로 함께 일하고 싶은 사람들'의 유형을 한 문장으로 정의해보세요. '~가 필요한', '~을 원하는', '~가 어려운' 등의 수식어를 활용해 구체적으로 표현할수록 좋습니다.

PROBLEM 01

그 사람들은 평소 일터에서 어떤 고민을 할까요? 왜 나와 계속 협업할까요? 무엇이 어려워서, 또는 어떤 일이 필요해서 나와 함께할까요? 가장 먼저 떠오르는, 표면적인 이유를 첫 번째 칸에 적어봅니다.

만약 조직 내에서 일하는 사람이라면 동료들이 나의 '파트너'라 할 수 있습니다. 나는 어떤 사람들과 자주 합을 맞추고 있나요? 그 사람들은 어떤 유형의 사람들인지 떠올리며 작성해보세요.

PROBLEM 02

그 사람의 하루를 상상해봅니다. 그들은 하루 중 어떤 순간에 나를 떠올렸을까요? 어떤 고민을 하던 중 나와 연결된 걸까요? 그 문제를 쉽게 해결하지 못하는 이유는 무엇일까요? 두 번째 칸에 그들의 고민을 조금 더 깊게 적어보세요.

PROBLEM 03

그 사람이 되어 상상력을 발휘해보세요. 그 사람이 가진 진짜 본질적인 고민은 무엇일까요? 겉으로 드러나 보이지 않는, 또는 스스로도 인지하지 못하는 깊은 고민이 있다면 무엇일까요? 세 번째 칸에 적어보세요.

SOLUTION

나는 그 사람이 가지고 있는 고민을 풀어주는 사람일까요? 만약 그렇다면 무엇을 해소해주고 있을까요? 그 사람에게 나는 다르게 느껴지는 사람일까요? 내가 그들에게 제공하고 있는 것이 무엇일지 문장으로 표현해보세요. 상품이나 서비스의 형태로 구체화되어 있지 않은 상태라면, 내가 본능적으로 해주고 있는 일이 어떤 종류의 일인지, 내가 정확하게 무엇을 제공하고 있는지 정의해보세요.

MY CHARACTER

써놓은 메모들을 살피며 생각해보세요. 나와 일하는 사람들에게 나는 어떤 느낌으로 다가가고 있을까요? '나의 캐릭터'를 문장으로 표현해보세요.

나는 어떤 문제를 어떻게 풀어주고 있을까?

　　일에 대해 고민하다보면 결국 '관계'를 생각하게 됩니다. 나만 생각해서도, 타인만 생각해서도 안 되므로 '좋은 관계'의 균형을 맞추는 법을 고민하게 돼요. 좋아하는 것을 일로 만들기 위해서는 내가 원하는 바를 충분히 들어주는 시간도 필요하지만, 그 후 나와 연결될 '상대방'을 중심으로 내 일을 바라보는 관점도 꼭 필요합니다. 일이라는 건 결국 혼자서 할 수 없고 누군가와 상호작용하는 과정이기 때문이에요. 이 생각에 영감을 준 이야기를 하나 소개할게요. 최근 저에게 가장 큰 울림이 되었던, 변호사 겸 문화평론가인 정지우 작가님이 페이스북에 올려주신 글의 일부입니다.

우리 시대는 늘 타인들로부터 무엇을 얻을 수 있는지 고민하라고 요구한다. 그것이 돈이나 어떤 이익이든, 인기나 인정이든, 사랑이나 관심이든 타인에게 무언가를 '얻는 것'이 언제나 핵심인 것처럼 이야기된다. 실제로 그런 걸 얻게 해주겠다고 장담하는 사람들이 큰 주목을 받기도 한다. 내가 타인들로부터 많은 돈이나 인기를 얻는 법을 알려주겠습니다, 라고 외치는 강의나 책들이 진절머리 날 만큼 넘쳐난다.

그러나 나는 오히려 내가 타인에게 무엇을 줄 수 있는가, 하는 것이야말로 인생의 가장 중요한 고민이라 느낀다. 적어도 내 경험으로는, 타인들로부터 무언가 온다는 건 언제나 무언가를 주었을 때였던 것 같기 때문이다. 내가 중요하고 소중한 걸 줄수록, 그만큼 가치 있는 걸 돌려받았다.

이 글을 읽고, 여운이 오래 남아 하루 종일 생각에 잠겨 있었어요. 일을 하면서 '어떤 사람들이 나를 좋아해줄까', '어떤 사람들에게 내 콘텐츠를 전해야 할까'만 생각했지 '나는 사람들에게 무엇을 주고 있을까', '나는 어떤 감동을 전하려고 애쓰고 있는가'를 고민한 적은 많지 않다는 걸 깨달았어요. 부끄러운 마음이 들었습니다. 나는 주려는 마음보다 받으려는 마음이 앞섰구나. 그날부터 일을 하며 아래와 같은 질문들을 의식적으로 떠올려보게 되었습니다.

이 일을 통해 나는 누구에게 어떤 감동을 주고 싶을까? 내가 작은 감동이라도 누군가에게 준 적 있다면, 그것은 어떤 종류의 감동이었을까?

'나는 정확하게 무엇을 주고 있고, 주고 싶을까?'를 중심으로 파고들다보니 모든 일에는 '표면적인 문제'와 '본질적인 문제'가 있다는 것을 알게 되었습니다. 제게 일을 부탁하는 사람들을 만나서 이야기를 듣고, 인터뷰를 진행하다보면 의외로 다른 문제가 있다는 것을 발견할 때가 많았어요. 표면적으로는 '홍보나 마케팅에 활용할 문구가 필요하다'고 말했지만, 본질로 들어가서 보면 브랜드의 방향성이나 정체성을 고민하는 경우가 많았고요. '행사의 모더레이터가 필요하다'고 했지만 알고 보니 새롭게 시작하는 행사의 맥락을 설계하는 것이 어려운 것이 진짜 문제인 경우도 있었죠.

제 관점에서 '아, 진짜 문제는 이게 아닐까?'라고 발견하고 나면 자연스레 도와주고 싶은 것들이 떠올랐습니다. 본질적인 질문을 나누는 시간을 만들어주고 싶다, 진짜로 일터에서 영감이 될만한 콘텐츠를 제공하고 싶다, 서로의 마음이 다르지 않음을 확인하는 계기를 만들고 싶다… 문제를 발견했을 때 제가 떠올린 생각들이 자연스럽게 저만의 '솔루션'이 되는 경우가 많았습니다. 결국은 '문제를 어떻게 정의하는가'가 그 사람의 색깔을 만듭니다. 나만의 방식으로 일하고 싶다면, 나만의 시선으로 문제를 재해석해야 한다는 생각이 들었습니다.

그런데 아무도 관심을 두지 않을 만큼 흔해 빠진 문제라면? 이런 문제를 제대로 다룬들 무슨 소용이 있을까? 어차피 시간 낭비다. 그런 문제는 다시 규정해야 한다. 메시지에서 뭐든지 독특한 점을 찾아내야 한다. 명심하자. 문제에서 독특한 점을 찾아내는 것 말고 독특한 해결책을 찾는 방법은 없다. 재미없는(독특하지 않은) 문제를 다시 규정해 내 그래픽 디자인이 다룰만한 문제로 바꾸는 것. 이렇게 문제 자체에서 아이디어를 찾아내는 게 바로 내 방법이다.
밥 길, 『이제껏 배운 그래픽 디자인 규칙은 다 잊어라. 이 책에 실린 것까지.』, 작업실유령

그래서 요즘은 문제를 재정의하는 연습을 하고 있습니다. 상대방이 가져온 문제를 놓고 '이렇게도 생각할 수 있지 않을까? 진짜 문제는 이게 아닐까? 이렇게 풀어보면 어떨까?' 궁리해보고 다시 제안하기도 합니다.

나는 어떤 문제를 어떻게 풀어주는 사람일까? 나는 누구에게 어떤 감동을 주고 있을까? 저처럼 조직 바깥에서 일하는 사람이 아니더라도 한 번쯤 나 자신에게 이 질문을 던져보면 좋겠습니다. 조직에서 일하는 분들은 이 질문을 받았을 때 '나'가 아닌 '회사'가 제시하는 문제 해결 방식에 초점을 맞추는 경우도 많았는데요. '나'의 관점에서 고민해본다면 언젠가 동료의 문제를 해결하는 모습을 발견할지

도 모릅니다. 의식하고 있든 아니든 내가 사람들에게 제공하는 것을 정확하게 파악하고 나면 '내 일의 가치'를 더욱 또렷하게 확인할 수 있을 거예요. 그런 후엔 그 가치를 더욱 널리, 많이 나눌 수 있지 않을까요?

일을 잘하는 원리는 단순할지도 모릅니다. 일터에서 함께하는 사람들에게 감동을 선사하는 것. 그 감동을 누적해나가는 것. 그리하여 서로에게 좋은 방식으로 연결되고 서로 성장하는 것.

READ & DO WORKSHOP

# HOW TO DO
# 3

나의 일 선언하기

나의 일을 한 문장으로 정의하기

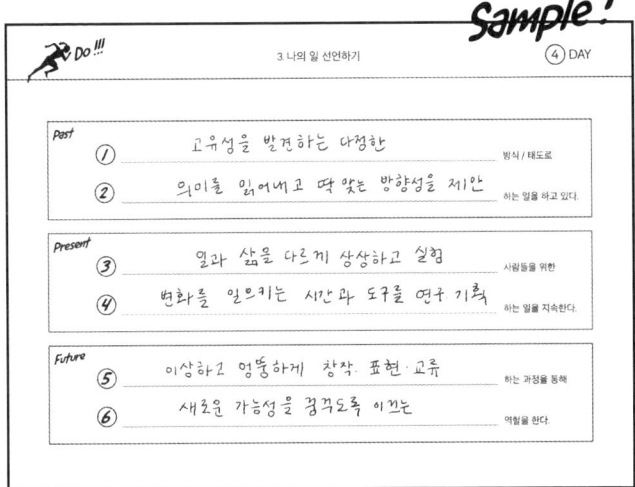

1일 차부터 4일 차까지, 다양한 툴킷을 통해 발견한 '나'에 대한 힌트들을 엮어 하나의 문장으로 써봅니다. 처음부터 완벽하게 작성하려고 하지 마세요. 한 문장으로 정리한 후 바라보는 작업이 필요하기에, 처음에는 초안이라고 생각하고 일단 빈칸을 채운 후 다시 보며 고치는 방식으로 작업하는 것을 추천합니다.

① 나는 어떤 방식/태도로 일하는 사람일까요?

내가 일을 할 때 가장 중요하게 생각하는 것, 일에서 지키고 싶은 태도, 나도 모르게 고집하고 있는 일의 기준 등을 떠올려보세요. 2일 차의 「프로젝트 회고하기」, 3일 차의 「나의 본질 정의하기」에서 작성한 내용을 살펴보면 도움이 됩니다.

② 나는 어떤 일을 하고 있나요?

오래전부터 꾸준히 해왔던 일, 앞으로도 변하지 않고 계속할 일이 있다면 무엇일까요? 멋지게 쓰려고 하기보다 있는 그대로 담백하게 쓰려고 노력해보세요. 3일 차 「내 일의 키워드 수집하기」 중 'Keep' 카테고리의 질문을 통해 수집한 키워드들을 읽어봐도 좋습니다.

**③** 나는 어떤 사람들을 위해 일하고 싶나요?

내가 주로 연결되고 싶은 사람들은 어떤 사람들인가요? 4일 차의 「나와 연결되고 있는 사람들 확인하기」에서 적은 내용을 다시 보며 빈칸을 채워보세요.

**④** 앞으로도 지속하고 싶은 일은 무엇인가요?

내가 연결되고 싶은 사람들에게 제공할 수 있는 가치는 무엇인가요? 지금은 미미하더라도 앞으로 계속해서 에너지를 쓰고 싶은 일을 써보세요. 3일 차 「내 일의 키워드 수집하기」 중 'Problem' 카테고리의 질문을 통해 수집한 키워드들을 읽어봐도 좋습니다.

**5** 나는 내 일을 통해 상대방에게 어떤 감정 혹은 경험을 제공하려고 노력하나요?

나와 함께 일하는 사람들은 나와 함께 일하면서 통해 어떤 경험을 할 수 있을까요? 내가 일을 통해 누군가와 소통하는 과정, 일하는 순간의 마음을 한번 찬찬히 짚어보세요. 함께 일하는 사람들에게 어떤 도움을 주려고 노력하나요? 4일 차의 「내 일의 가치 파악하기」에서 작성한 'Solution'을 살펴보는 것도 도움이 됩니다.

**6** 나는 사람들에게 어떤 사람으로 기억되고 싶나요?

2일 차 「프로젝트 회고하기」 속 '역할', 3일 차 「내 일의 키워드 수집하기」 중 'Try' 카테고리의 질문을 통해 수집한 키워드, 4일 차 「내 일의 가치 파악하기」에서 작성한 'Character' 등을 참고해 내가 맡고 싶은 역할을 작성해봅니다.

✓ 이렇게 완성한 문장은 내 일을 소개하는 문장으로 사용할 수 있습니다. '이렇게 쓰는 게 맞나?', '멋지게 보이고 싶다'는 생각은 내려놓고, 내가 좋아하는 단어들로, 진짜 나라고 믿는 내 모습을 솔직하게 표현해보세요.

## 나의 일을 한 문장으로 정의하기



앞서 '~하는 사람'으로 내 일을 표현해보는 작업을 했는데요. 오늘은 나와 함께 일할 사람들의 시선에서 내 일을 바라보고 조금 더 명확한 언어로 구체화해보는 작업을 해보려고 합니다. 한때는 내가 어떤 사람인지 설명하는 일이 누군가에게 강요받는 것처럼 불편하게 느껴졌어요. 아직 준비되지 않았는데 말해야 하는 상황이 부담스러워서 "백수인데요", "이것저것 다 해요", "그냥 회사 다녀요"와 같은 애매모호한 언어로 얼버무리기도 했죠.

또는 그저 저의 '쓸모'를 증명하려고 애썼던 적도 있어요. 맡았던 프로젝트의 규모나 함께 일했던 유명한 사람의 이름을 이야기하며 '기회를 주신다면 이만큼의 성과를

낼 수 있는 사람입니다'를 과하게 어필하려고 했죠. 제가 어떤 일을 할 수 있을지, 어떤 역할을 하면 좋을지, 상대방이 읽어내고 역으로 제안해주기를 기대했던 것 같아요. 제 일을 스스로 선택하고 결정할 수 있다는 상상을 하지 못했던 것 같기도 해요.

그런데 제가 많은 사람들에게 협업을 제안하는 입장이 되다보니, 어떤 일을 하고 있고 앞으로는 무엇을 하고 싶은지 묻는 마음을 이해하게 됐어요. 일을 부탁하는 사람도, 상대방에게 내가 원하는 것을 일방적으로 요구하기보다 그 사람이 원하는 일을 제안하고 싶거든요.

함께 일하는 동료가 '돈'이나 '책임감' 때문만이 아니라, 진짜로 즐겁고 행복하기를 바라고요. 단순히 필요한 일과 금전적 보상을 주고받는 것을 넘어서 의미 있는 결과물을 남기려면 내가 하는 일과 진정으로 하고 싶어하는 일이 맞닿아 있어야 해요.

스스로를 뽐내거나 드러내기 위해서가 아니라, 함께

일하는 상대방을 위해서라도 내 일을 스스로 설명하는 것이 중요하다는 걸 알게 되었어요. 그게 또 다른 형태의 '배려'일 수 있다는 것을요. 그런 생각을 갖게 되니, 제 일을 표현하는 작업도 조금 다른 관점으로 하게 되었어요. 제가 연결되고 싶은 사람들을 명확하게 정의해본 후, 그들이 저와 연결되는 장면을 구체적으로 그릴 수 있도록 다양한 '힌트'를 남겨놓기 시작한 거예요.

나는 어떤 사람으로 살고 싶을까? 나는 어떤 태도로 일하는 사람이지? 어떤 사람들에게 도움을 줄 수 있을까? 깊게 고민하고 생각을 한 번 마감해 선언하는 과정은 어려웠지만, 큰 변화를 가져다주었어요. 내가 어떤 일을 하고 싶은지, 어떤 방향으로 나아가려 하는지를 선언하니 그 방향에 맞는 일들이 들어오기 시작했어요. 함께 일하고 싶었던 사람들에게 연락을 받게 되고, 남몰래 바라던 일들이 현실 속에서 일어나는 것이 정말 신기했습니다.

무엇보다 나의 일을 한 문장으로 정리하다보면 '일하

는 기준'을 세울 수 있게 됩니다. 나는 정말로 이렇게 살고 있나? 단순히 멋진 말을 하고 있는 것은 아닌가? 혹시 요즘의 나에게 새롭게 일어난 변화는 없나? 이 정의와 맞지 않는 일이 들어왔을 때 거절할 용기가 있는가? 스스로에게 묻게 되더라구요.

나라는 사람은 계속해서 변해요. 나를 표현하는 문장에도 '완성'이란 없죠. 그래서 저 역시 이 문장을 주기적으로 업데이트하고 있습니다. 그러니 용기 내서 써 보세요. 언제든 변할 수 있고, 변해도 괜찮다는 마음으로 '지금의 나'를 솔직하게 기록해보는 거예요. 그 과정을 함께할 상대방과 함께하고 있는 장면을 그려보는 일도 잊지 마세요!

# READ & DO WORKSHOP
# DO MYSELF

오늘의 워크숍 소요시간 : 90분

## 나와 연결되고 있는 사람들 확인하기

소요 시간 : 30분

나는 누구와 어떻게 연결되고 싶을까? ①

○ _____  (이)가 필요한

_____

_____

○ _____  (이)가 필요한

_____

_____

○ _____  (이)가 필요한

_____

_____

○ _____  (이)가 필요한

_____

_____

○ _____  (이)가 필요한

_____

_____

DO MYSELF

## 내 일의 가치 파악하기

TARGET  /

PROBLEM

SOLUTION

My Character?

소요 시간 : 30분

나는 어떤 문제를 어떻게 풀어주고 있을까?

TARGET

PROBLEM

SOLUTION

## 나의 일 선언하기

**Past**

① _____

_____ 방식 / 태도로

**Present**

③ _____

_____ 사람들을 위한

**Future**

⑤ _____

_____ 하는 과정을 통해

소요 시간 : 30분

나의 일을 한 문장으로 정의하기  ③

---

② _____

_____ 하는 일을 하고 있다.

---

④ _____

_____ 하는 일을 지속한다.

---

⑥ _____

_____ 역할을 한다.

READ & DO WORKSHOP

DATE:

CONTENTS:

기획 : 앞으로의 6개월 계획하기

## HOW TO DO 1

6개월 후의 '나' 상상하기

## HOW TO DO 2

내 일의 테마 기획하기

## HOW TO DO 3

핵심 메시지 설정하기

## HOW TO DO 4

우선순위 결정하기

## HOW TO DO 5

실행 프로젝트 기획하기

## HOW TO DO 6

나만의 성공 지표 만들기

많은 분들이 '내가 원하는 내 모습이 무엇인지는 알겠는데, 실제로 그렇게 되도록 일을 만들어가는 것이 어렵다'는 이야기를 합니다. 내가 좋아하는 것을 일로 만들기 위해서는 일하는 방식에도 기획이 필요합니다. 멀게만 느껴지는 '꿈'을 '현실'로 데려오기 위해서는 꿈을 잘게 쪼개고 작은 것부터 실행하며 쌓아나가야 합니다. 5일 차인 오늘은 내가 원하는 방향으로 일을 만들어가기 위한 기획의 시간을 가져볼게요. 오늘의 워크숍까지 마치고 나면, 앞으로 내가 어디로 어떻게 나아가야 할지, 무엇부터 해야 할지 보다 구체적으로 그려낼 수 있을 거예요.

READ & DO WORKSHOP

# HOW TO DO
# 1

6개월 후의 '나' 상상하기

6개월 후, 나는 어떤 모습으로 일하고 있을까?

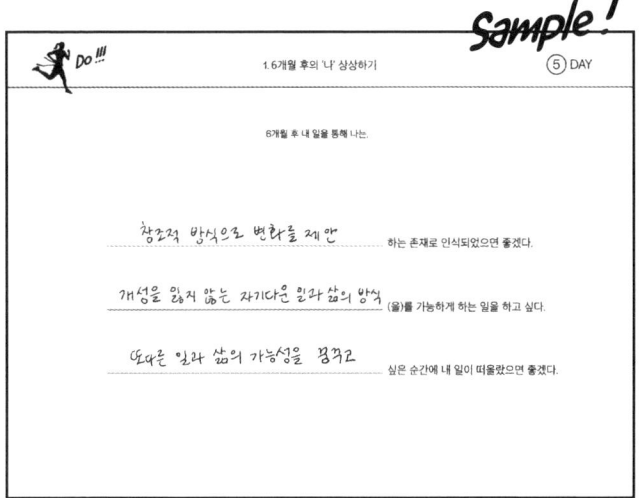

✓ 6개월 후로 시계를 돌려보세요. 그때의 내 모습을 보고 있다고 상상하며 빈칸을 채워보세요. 세 개의 문장은 서로 다르지 않습니다. 내가 조금 더 다양한 표현을 끌어낼 수 있도록 다른 표현을 사용했을 뿐입니다.

✓ 첫 번째 칸에는, 내가 사람들에게 어떤 존재로 인식되기를 바라는지 써보세요.

✓ 두 번째 칸에는, 나의 일로 만들 수 있는 긍정적인 변화를

떠올리며 써보세요. 나는 어떤 일을 가능하게 하는 사람이고 싶나요?

✔ 세 번째 칸에는, 주변 사람들이 어떤 순간에 나를 떠올리고 도움을 청하기를 바라는지 써보세요.

6개월 후, 나는 어떤 모습으로 일하고 있을까?



 지금 누군가에게 설명할 수 없는 막연한 꿈이어도, 내가 나를 믿어준다면 오래 걸릴지라도 현실이 됩니다. 제 삶에서도 늘 그랬습니다. "우리 언젠가 같이 무언가 해요"라고 진심으로 말하면 그 현장은 꼭 만들어졌습니다. 1년이 걸리든, 5년이 걸리든 말이에요.

 그 꿈이 꼭 원대할 필요는 없습니다. 때로는 '꿈'이라는 단어에 너무 많은 의미가 부여되어 있는 것 같다고 느껴요. 그냥 막연하게 '나 이런 거 해보고 싶다'는 그 감정 자체가 꿈이 아닐까요? 다만 내 마음을 잘 들여다봐주고, 조금 더 구체적인 문장으로 길어올리는 것은 중요합니다. 다른 사람은 몰라도, 나만큼은 그 장면을 믿고 나아가야 꿈이 현실이 될 수 있거든요.

　6개월 후의 '일하는 나'를 함께 구체화해봐요. 마법처럼, 시간여행을 통해 그때의 나와 만났다고 상상해보는 거예요. 그때의 나는 어떤 모습으로 일하고 있을까요? 어떤 사람들과 교류하고 있을지, 어떤 변화를 선사하고 있을지 그려봅니다. 아시죠? 꼭 '직장'에서의 나만 떠올리지 않아도 되고, '현재의 일터'에 얽매이지 않아도 됩니다. 내가 몰입할 수 있고, 힘을 발휘하고 싶은 곳을 무대로 떠올려주세요.

　이 시간이 되면 워크숍을 함께하는 사람들의 얼굴에도 웃음이 번집니다. "이거, 기분 좋은데요? 계속 정리하니까 머리 아팠는데 상상하니까 기분이 좋아요"라고요. 여러분도 최대한 기분 좋게 상상해주세요. 마음껏 꿈을 꾸는 시간이니까요. 단 '6개월 후'라는 제한이 있으니까 너무 허무맹랑한 꿈은 꿀 수 없겠죠. '이 정도라면 충분히 가능하지 않을까?'라는 자신감 반, '이런 일이 과연 일어날까?

정말 그랬으면 좋겠다!' 하는 기대감을 반 정도 섞으면 적당합니다!

"앞에서 쓴 거랑 겹치는데요?"라고 묻는 분들도 계신데요. 맞습니다. 우리는 거의 비슷한 작업을 반복해서 하고 있어요. 저는 이 '반복'이 의미가 있다고 생각합니다. 반복해서 쓰다보면 진짜 나에게 중요한 게 무엇인지 알게 되거든요. 자연스럽게 빼는 단어는 무엇인지, 놓치지 않고 쓰게 되는 표현은 무엇인지 스스로 발견해보세요.

READ & DO WORKSHOP

# HOW TO DO
# 2

내 일의 테마 기획하기

다음 6개월, 일하는 나는 어떤 장면들을 만들게 될까?

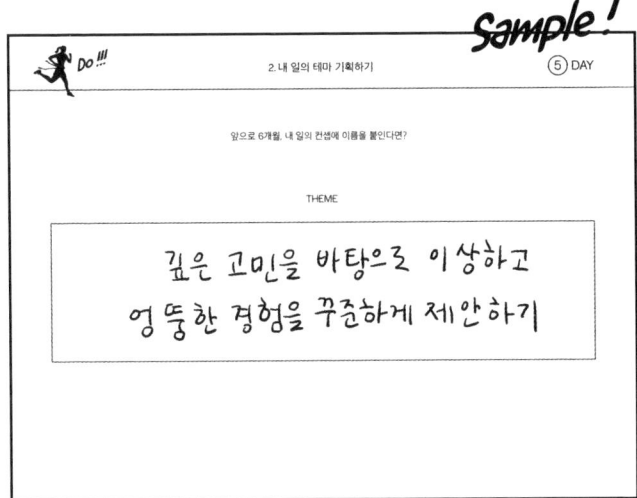

✔ 향후 6개월간 내가 만들고 싶은 일의 장면을 상상해보세요. 한 편의 드라마라고 상상하며, 6개월간 내가 만들어갈 이야기에 제목을 붙인다고 생각하면 좋습니다. 또는, 6개월 동안의 '활동 콘셉트'라고 생각해도 좋겠어요.

✔ 어렵게 느껴진다면 3일 차의 「키워드를 바탕으로 방향성 정리하기」에서 정리한 키워드와 4일 차 「나의 일 선언하기」를 다시 살펴보고 힌트를 얻어보세요.

다음 6개월, 일하는 나는 어떤 장면들을 만들게 될까?

 

6개월 뒤의 '일하는 나'를 상상하고 구체적인 문장으로 적다보면 나의 마음을 다시 발견하게 돼요. 저 역시 그랬습니다. 문장을 쓰고 보니 저는 '사람들에게 영감을 주고 싶어 하는 사람'이고, '다른 방식으로 일하고 살아갈 수 있다는 상상'을 가능하게 하고 싶어한다는 것을 새삼스레 깨달았어요. '믿고 일을 맡길 수 있는 전문가' 같은 표현을 쓸 수도 있었을 텐데… 아무래도 제 마음의 방향은 이쪽으로 흐르고 있나봐요.

이렇게 6개월 뒤의 '일하는 나'를 구체적으로 그려내면, 자연스럽게 흘러나오는 생각이 있습니다. 내가 정말 이런 사람으로 일하려면, 나는 어떤 일들을 해야 할까?

6개월 안에는 지금 쓰고 있는 이 책이 세상에 나올 것이고, 준비하고 있는 공간도 오픈을 앞두고 있고, 무엇이 될지 모르지만 뜻이 맞는 동료들과 무언가 해보자고 이야기를 나눈 상태이기도 하고… 6개월 동안 벌어질 일들을 하나씩 떠올리다보면 팔짱을 끼고 의자에 기대어 하늘을 올려다보게 됩니다. 여러분도 비슷한 자세라면, 맞게 하고 계신 거예요.

1일 차 워크숍에서 지난 경험을 시즌으로 분류하고 제목을 붙였던 것, 기억하시나요? 지나간 순간을 돌아보며 제목을 붙이다보면 한 발짝 떨어져서 나의 이야기를 읽어내는 듯한 기분이 들지요. 내가 앞으로 써나갈 이야기에도 제목을 붙여보면 어떨까요?

저는 '깊은 고민을 바탕으로 이상하고 엉뚱한 경험을 꾸준하게 제안하기'를 제목으로 붙여볼래요. 제가 하는 일들이 너무 쉽게, 한 번에 이해되지 않았으면 좋겠어요. '응? 이런 방식으로 한다고?' 하는 즐거운 자극이 있었으면 좋겠어요. 하지만 가볍지는 않았으면 좋겠고, 사람들에게 진짜 도움을 줄 수 있는 일, 긍정적인 변화를 일으킬 수 있는 일이었으면 좋겠어요. 한 번 하고 마는 게 아니라 꾸준했으면 하고요. 제 작업을 좋아해주는 사람들과 정기적으로 연결되고 싶어요.

이처럼 '내 일의 테마'를 기획하는 작업은 '앞으로 내가 해야 할 일'을 나열하는 것과는 다릅니다. '해야 할 일'이라고 생각하면 압박감이 들 수 있잖아요. '앞으로 펼쳐질 시간들은 이런 이야기가 되었으면 좋겠다'는 바람을 넣어서 써보세요. 일단 써놓으면 신기하게도 진짜로 그런 방향으로 나아가게 됩니다. 이렇게 쓰고 보니 저의 6개월 후도 기대되네요!

READ ✓ DO WORKSHOP

# HOW TO DO
# 3

핵심 메시지 설정하기

'나'를 어떤 존재로 믿고, 사람들에게 각인시킬 것인가?

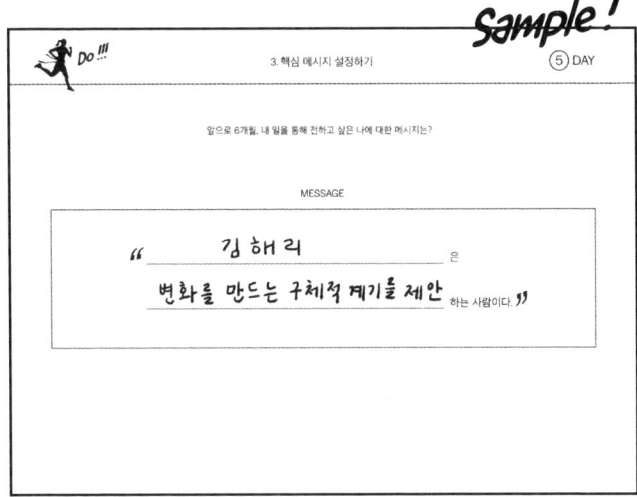

✔ 앞서 작성한 '6개월 후의 나'와 '내 일의 테마'를 다시 읽어보며, 상대방의 입장에서 내 일을 바라봅니다. 나와 함께 일하는 사람들이 나를 어떻게 인식하기를 바라는지 생각하며 빈칸의 문장을 완성합니다.

✔ 첫 문장은 다소 추상적이거나 모호할 수 있습니다. 여러 번 반복해서 써보며 문장을 구체화해보세요. (누구나 쉽게 이해할 수 있는 문장으로 만들어보세요.)

'나'를 어떤 존재로 믿고, 사람들에게 각인시킬 것인가?

처음 제가 독립적으로 일을 시작했을 때는 마음이 조급했어요. 그런데 제가 어떤 사람인지 누군가의 머릿속에 각인되기까지는 물리적인 시간이 필요했습니다. 언젠가 꼭 한번 작업해보고 싶은 파트너가 있었는데 "저희 언젠가 같이 일해요"라고 직접적으로 의사를 표현했음에도 실제로 협업이 이루어지기까지는 2~3년의 시간이 걸리더라고요.

반대 입장이 되어보니 왜 그런지 알게 되었습니다. 저 역시 누군가의 존재를 인지하더라도, 그 사람에게 협업 제안을 하기까지는 시간이 필요했어요. 그 사람이 어떤 사람인지 알아가고 이해하는 시간요. 반면, "저는 이런 일을 하고 싶어요. 이런 일이 있으면 저하고 해요"라고 드러나 있는 사람과는 더 빠르게 협업이 성사되었어요. 상대방의 입장에서 나의 일을 설명하는 것이 얼마나 중요한지 깨닫게 되었죠.

향후 6개월의 테마를 정했다면, 이번에는 내가 나의 활동(일)을 통해 전하고 싶은 '나'에 대한 메시지를 적어볼 거예요. 브랜드 커뮤니케이션 전략을 세울 때는 '키 메시지'를 기획합니다. 반드시 전달해야 할, 사람들에게 각인시켜야 할 가장 중요한 메시지가 무엇인지 명확하게 정립하는 거죠. 그걸 나의 일에도 적용해보는 거예요. 나는 사람들이 나를 어떻게 인식하기 바랄까? 내가 어떤 사람이라는 메시지를 전달하고 싶을까?

앞서 정한 '6개월 후의 나'와 '내 일의 테마'를 다시 읽어보며 스스로에게 질문을 던져봅니다. 나와 함께 일하는 사람들이 나를 어떤 사람이라고 인식하면 좋겠어? 그 사람들의 머릿속에 내가 어떤 존재로 떠오르기를 바라? '경험하는 사람'의 입장에서 한 문장으로 다시 써보는 거예요.
"_____은 _____하는 사람이다"

라는 문장의 빈칸을 채우다보면 내가 어떤 사람으로 받아들여지고 싶은지 더욱 명확하게 보일 거예요. 하지만, 6개월 안에 전달하기 어려운 메시지일 수도 있습니다. 그렇다면 조금 더 구체화된 문장으로 한 번 더 작성해보세요. 예를 들면 이렇습니다.

- 첫 번째 문장 : 김해리는 예술적 상상력으로 창조적 변화를 일으키는 문화기획을 하는 사람이다.

(너무 어려운 말인 것 같은데? 추상적이기도 하고… 하지만 나는 사람들에게 이렇게 이해받고 싶은데… 그래도 6개월에 안에 이걸 전달하는 건 무리일 것 같아.)

- 조금 더 구체적으로 다시 쓴 문장 : 김해리는 독특하고 실험적인 콘텐츠로 사람들에게 영감을 주는 문화기획을 하는 사람이다.

(6개월 안에 내 활동을 통해 이 정도의 메시지는 전달할 수 있을 것 같아!)

READ & DO WORKSHOP

# HOW TO DO
# 4

우선순위 결정하기

6개월 동안 나는 어디에 에너지를 집중해야 할까?

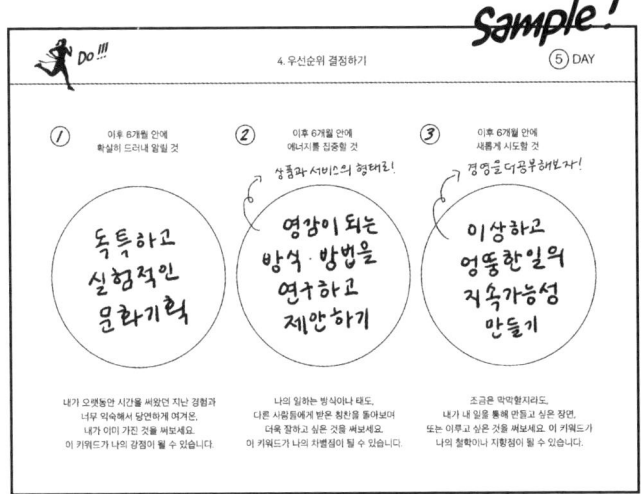

✔ 3일 차 워크숍에서 작성한 「키워드를 바탕으로 방향성 정리하기」 속 키워드를 다시 봐주세요. 내가 작성한 아홉 개의 키워드 중에서 가장 중요한 것이 무엇인지 생각해보고, 세 가지로 추려보세요.

✔ 기존의 키워드 중에서 선택해도 되고, 조합하거나 새롭게 작성해도 되지만 너무 많은 수식어가 붙어 있는 긴 문장의 형태로 쓰지 않도록 주의하세요. 설명이 길어질수록 내가 정확하게 무엇에 집중해야 할지 헷갈리게 됩니다.

✔ 첫 번째 칸에는 '향후 6개월 안에 확실히 드러내 알릴 것', 즉 내 일의 명확한 강점을 키워드로 표현해보세요. 내가 오랫동안 시간을 써왔던 것, 내가 당연하게 여겨왔지만 분명한 나의 자산인 것을 써봅니다. 많은 사람들이 자신이 이미 가지고 있는 당연한 것을 '강점'이라 인정하기를 어려워해요. 내가 가지고 있는 것을 스스로 인정해준다는 마음으로 써보기를 추천할게요.

✔ 두 번째 칸에는 '향후 6개월 안에 에너지를 집중할 것', 즉 내가 앞으로 에너지를 집중해서 키워보고 싶은, 내 일이 가진 차별점을 키워드로 정의해보세요. 어떤 것이 나의 차별점일까? 고민이 될 텐데요. 아주 사소한 것이라도 좋으니 다른 사람들에게 받았던 칭찬, 내가 특별히 신경을 쓰고 있거나 잘하기 위해서 노력하고 있는 것을 떠올려보면 좋습니다.

✔ 세 번째 칸에는 '향후 6개월 안에 새롭게 시도할 것'을 키워드로 써보세요. 6개월 안에 이루어야 할 일이라기보다는, 6개월이 지난 후에도 꾸준히 쌓아나가고 싶은, 내 일을 통해 장기적으로 만들고 싶은 장면을 떠올려봅니다. 내가 지향하는 꿈, 가치 있다고 믿

고 있는 것, 오래 걸려도 해나가고 싶은 일들을 적어보면 좋습니다.

조금은 원대해도 좋아요.

6개월 동안 나는 어디에 에너지를 집중해야 할까?

우리의 에너지는 한정되어 있습니다. 그렇기에 모든 일을 잘할 수 없고, 그럴 필요도 없지요. 내가 원하는 내 모습, 스스로 정한 내 일의 테마와 전하고 싶은 메시지를 읽어보며 지금 집중해야 할 세 가지 우선순위를 결정하는 시간입니다.

저는 다양한 일에 관심이 있고, 일 벌이는 것을 좋아해요. 그러다보니 어느 순간에는 '내가 지금 뭘 하고 있는 거지?' 하는 혼란에 빠질 때가 있습니다. 분명 많은 일을 하고 있는데 그 일들이 모이지 않고 흩어지는 기분이 드는 거예요. 무엇 하나 제대로 하는 일이 없는 것 같기도 하고요. 우선순위를 정하고, 이를 지키려고 노력하면 내 일을 차곡차곡 '쌓아가는' 감각을 느낄 수 있게 됩니다. 또는 혼란스

러울 때 다시 꺼내 들여다보면 '아, 내가 잘 가고 있는 게 맞구나' 하는 안도감을 느끼기도 합니다.

스스로 정한 우선순위에 따라 내 일을 꾸려가다보면, 타인의 평가나 말에 휘둘리는 일도 줄어듭니다. 나만의 비밀스러운 실험을 성공적으로 해나가는 묘한 쾌감이 들기도 해요. 다만, 이 우선순위를 정할 때도 일종의 '균형'을 고려하는 것이 좋습니다. 자신에게 박한 사람들은 온통 '보완해야 할 점'으로 우선순위를 채우기 쉽고, 타인의 시선을 크게 의식하지 않고 살아가는 사람들은 '개인적인 목표(공부, 마음가짐, 여행 등)'만으로 우선순위를 설정하기 쉽거든요.

우리는 '일'과 관련하여 우선순위를 설정해보는 거니까 '나'의 관점과 나와 함께 일할 사람들의 입장 사이, 내가 분명히 가진 자산과 앞으로 이루고 싶은 비전 사이를 오가며 세 가지 키워드를 정해보려 해요. 여러 번 썼다 지워도 괜찮습니다. 중요한 것은 실제로 내가 향후 6개월 동안 에너지를 쏟 우선순위 세 가지를 '직접' 결정한다는 거예요.

내가 실제로 할 수 있는 일인지 생각해보기도 해야 하고요. 우선순위 외의 것은 과감하게 나중으로 미루거나 선택하지 않겠다는 결단도 필요합니다.

READ & DO WORKSHOP

# HOW TO DO 5

실행 프로젝트 기획하기

6개월 동안 반드시 실행할 나만의 프로젝트는 무엇일까?

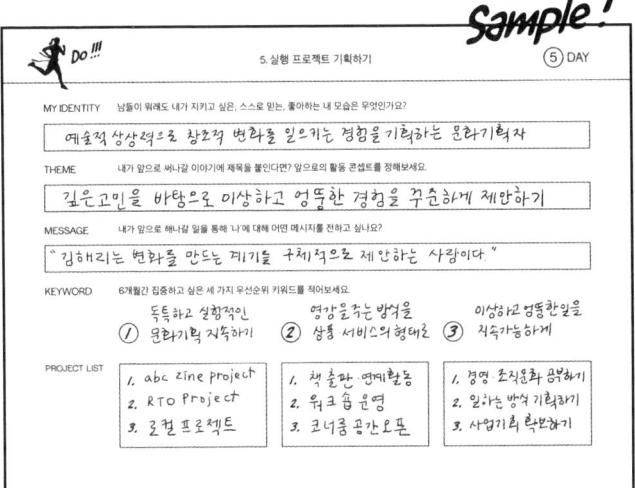

✓ '실행 프로젝트'부터 쓰지 마세요! 꼭 위에서부터 순서대로 작성하면서 이루고 싶은 비전에서 구체적인 실행까지 연결되는 흐름으로 작성하시기를 추천드려요. 생각을 점점 잘게 쪼개는 연습을 할 수 있습니다.

✓ 위에서부터 순서대로, 앞에서 썼던 내용을 다시 적으며 각각의 이야기가 서로 잘 연결되는지 살펴보세요. 다음과 같은 질문을 따라 이야기들을 연결해보면 좋습니다.

나는 어떤 정체성으로 일하고 싶지? 그 정체성으로 일한다면, 올해의 테마는 무엇이 될까? 이런 콘셉트로 일한다면, 그 활동을 통해 어떤 메시지를 던지고 싶지? 그 메시지를 전달하려면 반드시 지켜야 할 세 가지 우선순위는 뭐지? 그 우선순위를 이루기 위해서 꼭 실행해야 할 대표 프로젝트는 뭐지?

6개월 동안 반드시 실행할 나만의 프로젝트는 무엇일까?


　　내가 써나가고 싶은 이야기의 테마를 정하고, 타인에게 어떻게 인식되고 싶은지까지 생각해보았다면, 그것을 구체적으로 어떤 활동으로 실천해나갈 것인지를 기획해볼 차례입니다. 내가 궁극적으로 되고 싶은 모습과 활동의 테마, 메시지가 일치되는 것이 가장 중요하기 때문에, 앞서 작성한 내용을 한눈에 들어오게 정리하고 맨 마지막 순서로 실행 프로젝트를 작성할 거예요.

　　지키고 싶은 내 일의 정체성부터 향후 6개월의 테마, 향후 6개월간 내 일을 통해 전하고 싶은 메시지, 3가지 우선순위 키워드까지 앞에서 작성한 내용을 순서대로 다시 써주세요. 반복해서 쓰다 보면 내가 계속해서 사용하는 표현이나, 덜어내게 되는 단어들이 있어요. 그 또한 내 일에 대한 중요한 힌트입니다.

순서대로 써나가면서 내가 쓴 이야기들이 서로 연결되는지를 살펴보세요. 앞서 작성했던 세 가지 우선순위까지 다시 적어보았다면, 그 아래에는 '이 우선순위를 달성하기 위해 꼭 실행할 일들은 무엇일까? 이것을 나만의 프로젝트로 만든다면, 어떻게 이름 붙이면 좋을까?' 스스로에게 질문하며 실행 프로젝트의 리스트를 적어봅니다.

'투 두 리스트'가 아닌 실행 프로젝트를 먼저 쓰는 이유는, 내가 원하는 방향으로 나아가기 위한 '나만의 프로젝트'를 기획하면, 단순히 '해야 할 일'의 목록을 적는 것보다 힘있게 나아갈 수 있기 때문입니다. '투 두 리스트'는 실행 프로젝트를 결정하고 나면 저절로 나오게 됩니다.

전부 작성했다면 전체 표를 한눈에 훑어보세요. 이야기가 서로 잘 연결되는지도 살펴보세요. 이 페이지가 나의 6개월 '일하기 전략'의 요약본이 되는 거예요. 사실 일을 하다보면 갑작스럽게 들어오는 기회나 외부의 요청에 자주 흔들리게 되거든요. 우선순위와 그에 따라 내가 반드시 실행하고 싶은 '실행 프로젝트'를 세워놓으면 일의 기회가 생겼을 때 무조건 하겠다고 하기보다 나의 기준에 맞는지, 내가 가려고 하는 방향성과 일치하는 일인지 생각해볼 수 있어요. 나의 기준이 흔들린다고 느껴질 때면, 언제든 다시 이 페이지를 펼쳐주세요.

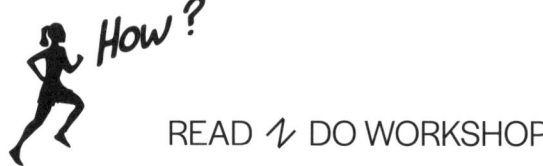

READ 𝒩 DO WORKSHOP

# HOW TO DO
# 5

나만의 성공 지표 만들기

나는 어떤 순간을 '성공'이라 이름 지을 것인가?

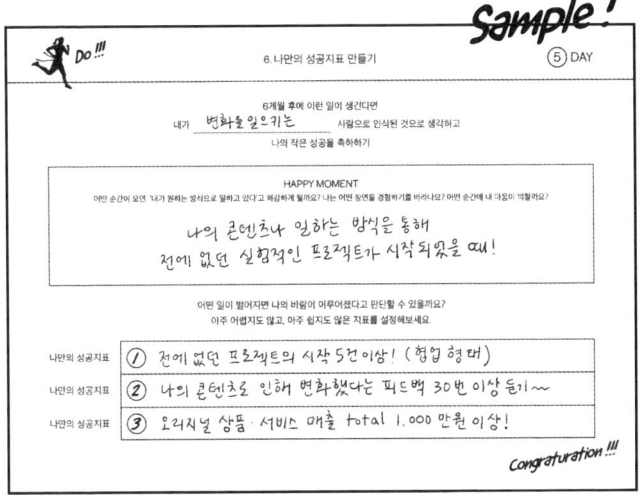

✔ 역시 맨 위부터 순서대로 작성해주세요. 6개월 안에 나는 어떤 사람으로 인식되고 싶은지 빈칸을 채우는 방식으로 다시 한번 작성합니다.

✔ Happy Moment : 6개월 안에 어떤 순간이 오면 "어? 나 내가 원하는 방식으로 일하고 있는 것 같은데?"라고 실감하게 될지 상상해보세요. (*ex.* 이상하지만 독특한 상품을 좋아해주는 사람들이 많아졌을 때, 파트너로서 나의 방식을 존중하며 함께 일하자는 제안

을 받았을 때 등)

✔ 방금 설정한 'Happy Moment'와 연결해서 생각해볼게요. 이 장면이 이루어졌다고 판단하려면, 6개월 안에 구체적으로 어떤 일이 생겨야 할까요? 내가 직접 계획하고 실행하는 프로젝트와는 달리, 억지로 만들어낼 수 없는 결과를 정해보면 좋습니다. (***ex.*** 내가 올린 글의 조회 수 100회 이상, 긍정적인 피드백 1번 이상 듣기 등)

나는 어떤 순간을 '성공'이라 이름 지을 것인가?

영국의 탐험가 어니스트 섀클턴은 남극 횡단에 실패하고 표류한 극한의 상황에서도 팀원 전원을 무사 귀환할 수 있도록 도운 리더로 평가됩니다. 팀의 생존 비결은 '즐거움과 희망을 잃지 않은 것'이라 말할 수 있을 것 같아요. 절망하기 쉬운 상황에서 일기 쓰기, 사진 찍기, 연주와 파티 등 어떻게 보면 극한 상황과는 어울리지 않는 활동을 이어가며 아주 사소한 것이라도 축하하고 기념했다고 해요. 이 이야기를 듣고 저와 함께하는 사람들이, 그리고 저 자신이 '즐거움을 잃지 않도록' 돕고 싶다는 생각을 했어요.

우리가 하는 일은 언제나 타인의 평가에 휘둘리기 쉽습니다. 스스로의 부족함을 채찍질하거나 높은 기준을 들며 엄격하게 굴기도 쉽고요. 내가 원하는 방향으로 일을 만들어가려면 아주 오래 걸리기 때문에, 지치지 않고 동력을 유지할 수 있도록 나만의 성공 지표를 만드는 것은 무척 중요합니다. 앞서 내가 어떤 사람으로서 각인되고 싶은지 메시지를 설정해보았는데요. 긴 워크숍의 마지막으로는 누군가의 말에 흔들리지 않고 스스로의 기준을 유지할 수 있도록 돕는, 나만의 성공 지표를 함께 만들어보려고 합니다.

목표$_{Objective}$와 주요 성과지표$_{Key\ Results}$를 설정하는 OKR 기법에 착안해서 만든 방식인데요. 저는 이 용어가 너무 어렵고 딱딱하게 느껴져서 'Happy Moment'로 바꿔 부르기로 했어요. 남들의 눈에는 보잘것없어 보일 수 있지만 저에게는 의미 있는, 행복의 순간들을 스스로 정해보는 거예요. 그리고 이 목표와 연결해서 '내가 만든 콘텐츠에 대한 긍정적인 피드백 세 번 이상 직접 듣기', '문화기획 협업 문의 1회 이상 받기', '직접 만든 제품의 매출 500만원 이상!' 등 나만의 성공 지표를 설정합니다. 그리고 그 순간이 오면 있는 힘껏 축하하고 기념하는 거예요. 여러분도 여러분만의 성공 지표를 설정해보세요. 그리고 스스로를 축하해주세요.

# READ 𝒾 DO WORKSHOP
# DO MYSELF

오늘의 워크숍 소요시간 : 90분

# 6개월 후의 '나' 상상하기

6개월 후 내 일을 통해 나는,

---

하는 존재로 인식되었으면 좋겠다.

---

(을)를 가능하게 하는 일을 하고 싶다.

싶은 순간에 내 일이 떠올랐으면 좋겠다.

## 내 일의 테마 기획하기

앞으로 6개월, 내 일의 콘셉트에 이름을 붙인다면?

소요 시간 : 10분

THEME

## 핵심 메시지 설정하기

앞으로 6개월, 내 일을 통해 전하고 싶은 나에 대한 메시지는?

소요 시간 : 10분

③

MESSAGE

"

　　　　　　　　　　　　　　　은
_____

_____

　　　　　　　　하는 사람이다.
_____

"

# 우선순위 결정하기

**①** 이후 6개월 안에 확실히 드러내 알릴 것

내가 오랫동안 시간을 써왔던 지난 경험과, 너무 익숙해서 당연하게 여겨온,
이미 가진 것을 써보세요. 이 키워드가 나의 강점이 될 수 있습니다.

**②** 이후 6개월 안에 에너지를 집중할 것

나의 일하는 방식이나 태도, 다른 사람들에게 받은 칭찬을 돌아보며
더욱 잘하고 싶은 것을 써보세요. 이 키워드가 나의 차별점이 될 수 있습니다.

소요 시간 : 15분

③　　　　　이후 6개월 안에 새롭게 시도할 것

조금은 막막할지라도 나의 일을 통해 만들고 싶은 장면, 또는 이루고 싶은 것을 써보세요. 이 키워드가 나의 철학이나 지향점이 될 수 있습니다.

# 실행 프로젝트 기획하기

**MY IDENTITY**

남들이 뭐라 해도 내가 지키고 싶은, 스스로 믿는, 좋아하는 내 모습은 무엇인가요?

**THEME**

내가 앞으로 써나갈 이야기에 제목을 붙인다면? 앞으로의 활동 콘셉트를 정해보세요.

**MESSAGE**

내가 앞으로 해나갈 일을 통해 '나'에 대해 어떤 메시지를 전하고 싶나요?

## KEYWORD

6개월간 집중하고 싶은 세 가지 우선순위 키워드를 적어보세요.

① ② ③

## PROJECT LIST

| 1. | 1. | 1. |
|---|---|---|
| 2. | 2. | 2. |
| 3. | 3. | 3. |

## 나만의 성공 지표 만들기

6개월 후에 아래와 같은 일이 생긴다면

내가 _____ 사람으로 인식된 것으로 생각하고

나의 작은 성공을 축하하기

### Happy Moment

어떤 순간이 오면, '내가 원하는 방식으로 일하고 있다'고 체감하게 될까요?
나는 어떤 장면을 경험하기를 바라나요? 어떤 순간에 마음이 벅찰까요?

소요 시간 : 15분

---

## 나만의 성공 지표

어떤 일이 벌어지면 나의 바람이 이루어졌다고 판단할 수 있을까요?
아주 어렵지도 않고, 아주 쉽지도 않은 지표를 설정해보세요.

축하합니다!
나와의 워크숍을 완주한 여러분에게
박수를 보냅니다.

## 나와의 워크숍 마치기

### 나다운 일의 방식을 찾기 위하여



'나와의 워크숍'을 마친 여러분, 정말 고생하셨습니다! 이렇게까지 스스로와 대화하는 시간을 가지는 것은 정말로 쉽지 않은 일이에요. 이 과정을 끝까지 해낸 여러분에게 일단 '정말 잘했다'는 이야기를 건네고 싶어요.

워크숍을 시작하기 전에도 말씀드렸지만, 이 과정에서 내가 기대한 것만큼 만족스러운 결과물을 얻지 못했다고 느끼셨을 수도 있어요. 그럴 때는 과감하게 책을 덮고, 잠시 잊어버리세요. 그리고 3개월, 혹은 6개월 뒤에 다시 펼쳐 나의 흔적을 읽어보세요. 그때는 자신이 없어 끄적거린 아이디어일지라도, 나도 모르게 내가 써놓은 생각을 따라 걸어왔다는 걸 발견하게 될 거예요.

6개월 동안 할 일들을 적으며 기대감에 마음에 부풀었는데, 내 생각처럼 내가 빠르게 움직이지 않는다고 자책하지 않기를 바라요. '나만의 일'을 만드는 과정은 한 번에 되는 일이 아니라는 걸 기억해주세요. 만약 잘 움직여지지 않는 부분이 있었다면 또 다음 '나와의 워크숍'에 반영해주세요. 워크숍을 반복하면서 나에게 맞는 속도와 나에게 맞는 방식을 점점 더 알아가는 것이 이 작업의 묘미거든요.

나만의 일을 한다는 건, 남들이 보기에 멋지고 화려하게 빛나는 일을 하는 게 아니라 '나만의 방식'을 발견하고 '나만의 기준'을 만들고 지키는 것에 가깝다고 생각해요. 그래야 오래 할 수 있고요. 솔직히 말하면 이 작업은 꽤 어려운 일이에요. 시간이 오래 걸리죠. 단기 속성으로 '완성'할 수 없고, 주기적으로, 반복적으로 나를 돌아보고 스스로를 발견해야 해요. 하지만 반복하다보면 누구와도 비교할 수 없는 나만의 특징을 알게 되고, 단단한 기준이 생겨납니다. 여러분은 그 첫발을 디딘 거예요.

저는 이 책이 누군가의 책상 위에서 너덜너덜해지기를 바라요. 3개월마다, 6개월마다 꺼내 스스로를 돌아보고 정리하는 도구로 활용해주기를 바라면서 만들었어요. 나만의 일하는 문화를 만들고, 내가 좋아하는 방향으로 나아갈 수 있도록 돕는 책이 되었으면 좋겠어요.

진짜로 내가 무엇을 좋아하는지 알고 싶은 사람, 남들과 비교하며 부족한 것을 채워 넣기보다 '나답게' 일하고 싶은 사람, 세상의 틀에 얽매이지 않고 '나라서' 할 수 있는 일들을 발견해 하나의 브랜드로 일하고 싶은 사람… 끝까지 포기하지 않고 여기까지 온 여러분은 이런 사람들이겠죠?

우리 완벽해지려 하지 말아요. '누구누구처럼' 일하려고 하지 말고 더욱 '나처럼' 일해요. 요즘의 저는, 스스로를 멋지게 포장하고 명확하게 드러내려 하기보다 '나다움'을 유지하는 것이 더 중요하다고 느껴요. 쉽게 이해되지 않고 당장 설명할 수 없더라도요. 그게 진짜 '브랜딩'이라고 생각하고요. 어딘가 허술할 수 있고 일반적인 기준으로 이해하기 어려울 때도 있지만 그 사람만이 할 수 있는 것. 저는 그런 것을 사랑해요. 저도 그렇게 일하고 싶고요.

새로운 일과 삶을 꿈꾸고 있다면, 일하는 방식 또한 달라져야 해요. 한 발짝 물러서서 나의 일을 바라보며 마음껏 상상력을 발휘해보세요. 그리고 당신만의 일하는 방식을 만들어보세요. 그 과정은 어렵지만, 분명 재미있을 거예요. "이상하고 엉뚱하더라도, 나만의 방식으로."

이 책이 당신만의 일하는 방식을
찾고 만드는 데에 도움이 되기를 바라며.

# READ 𝒩 DO WORKSHOP

# EXAMPLE

툴키트, 이렇게 써봤어요

김해리 작가가 직접 채운 툴키트를 공개합니다.
빈칸을 채우기 막막하다면 다음 페이지를 슬쩍 들춰보며
힌트를 얻어보세요.

1. 경험의 감정 그래프 그리기  DAY 1

## 기억에 더 의힐 경험 지도

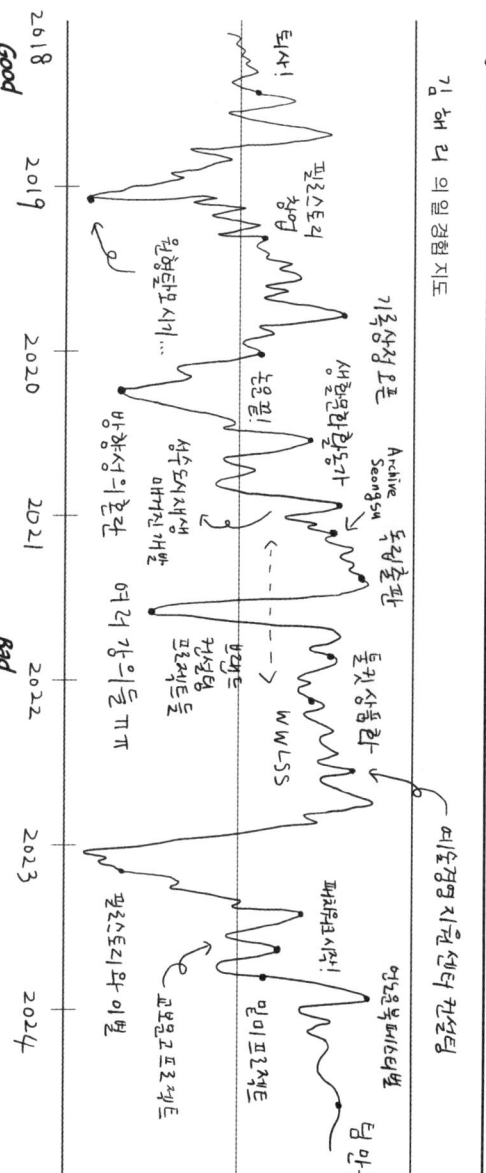

- 독서!
- 필라테스 다님
- 우울
- 권태감 시기...
- 기능사 1교시
- 새 연합 단행동구 이술
- Archive Seongsu 도리출판
- 바 안서이 된다
- 산수 유치원에 매가지 개발
- 여러 가이트 FP
- 마음 경영 지원 센터 간부터
- 앙논 복메드비
- 파주 캠프시작!
- 딸 만들기
- 밀크 프로젝트
- 독서 산문화
- 방학은 하성명 프로젝트들
- WWLSS
- 필라테스와 이별
- 코맙 포그 제도

### Good
- 마음 맞는 동료와 성장의 기쁨을 나눌 때
- 오리지널한 무언가를 만들고 섣을 때
- 주체적으로 일을 끌어가고 만들 때
- 나만의 주제로 실험해 나갈 때

### Bad
- '내가 환짓'이 아닌 것을 만들어야할 때
- 전도되지 않고 '갑자'을 느려내는 것
- 주면의 도움, 얻어 힘들 갖는 상황
- 내가 아니어도 되는 일을 할 때

## 2. 밀시은 나무기

### SEASON 1
*오다탄탄 일상* (2018 ~ 2019)

다양한 친대 문야의 일을 경험하며
처음으로 돈을 벌장고 모아본 시기.
조금은 꾼돈 쓰기나 낭비도 했다.

### SEASON 2
내 마음이 향하는 곳으로 일하는 줄거웠던 (2020 ~ 2022)

나의 콘텐츠, 브랜드를 만들고 이를
기반으로 일하며 성장하는 기쁨을
느껴보았던 시기. 돌라서 왔다갔다 했다!

### SEASON 3
내 사업의 길을 다녀가게 성장하는 (2023 ~ )

주을 돈들과 재미있게 일을 만들어
가고 있는 어렵고 새로운 시기.
그러나 고민도 재미도 두배!

# 1. 나의 대표 프로젝트 고르기

## ① 기간: 2019 ~ 2023

## ② "나에게 커리어적으로 가장 의미 있었던 일 세 가지를 꼽아본다면?"

**대표 프로젝트**

필요스트러틀
참여하고 운영해보는 것

**대표 프로젝트**

프로젝트의 그
새 커리큘럼 만들기

**대표 프로젝트**

문화예술교육 284
RTO 기획 가능

## ③ "그 일이 내게 중요한 이유는 무엇인가요? 나에게 그 일은 어떤 의미인가요?"

남의 결정에 의해도,
내가 원하는 것에
나아가진 수가 있다.

경력 3년차자 리더
역할을 하며 운영,
운영집, 조직을 만들기

내가 잘하는 일상으로
좋아하는 일이
기여할 수 있다는 것.
(나이가 많아어)

① Project Name.

퍼시드-그 시스메간 만들기

② My Role.

기더미지기획자 역할

③ 어떤 일들을 했나요? 리스트로 쓰고 그 중 특별히 잘하려고 애썼던 일에 표시해보세요.

- 밴드시 아홉가지성격 지표 만들기 ☆
- 내러티브, 음악, 분위기, 대화 나누기 ☆
- 엔딩 등 이벤 시스템 구축 ☆
- 연어 사역닐게 확보하기

④ 이 일이 내게 의미 있는 이유는 무엇인가요? 이 일을 통해 어떤 감정을 느꼈나요?

이 저는 사해 본 적 없고, 실무보다 시스템을 디자인 하는 일이다 아십시다는 일. 어려움이라는 성장을 안겨다 주는 일이라고 생각한. 재밌기도 하던데 힘들어도 했다.

⑤ Good |———/\———| Bad

⑥ 이 일을 하며 나에게 발견한 것이나 새롭게 배운 것이 있다면 적어보세요.

밴드시 아홉가지 지표하고 간자이에 치중이 연연결된 것 찾아내는 것이 꽤 샤가 든다.

⑦ Keep. 누준한 태도, 감정을 모아주는 것

⑧ Problem. R&R 명확하게 나누지 않는 것

⑨ Try. 일하는 시스템 만큼 고유하기

⑩ Keyword. 기더로서 팀이 가야하기

# 1. 내 일의 키워드는 추삼하기

## ③ DAY

**Keep** 내가 오랫동안 시간을 써온 것, 이미 가지고 있는 좋은 것

**Q1** 내가 오랫동안 해왔던 일, 이것만큼은 확실히 잘할 수 있다고 약속할 수 있는 일은 무엇일까?

**Q2** 누군가에게 들었던 칭찬이나 피드백 중 기억에 남는 것이 있다면?

**Q3** 나를 좋아해주는 사람, 자주 연결되는 사람들의 공통점?

| 글쓰기 필사 | 이야기 전시 | 교유서 발제 |
|---|---|---|
| 원하는 방향으로 나아가게 해주는 | 다정한 시선 | 함께요. 듣든하다 |
| 저기 많이 많이응원해주고 보듬어주는 | 새로운 방식을 고민하는 | 예술과 경영사이 |

# 1. 내 일의 키워드 수집하기

**Problem** 내가 강점으로 키워보고 싶은 것, 차별화하고 싶은 것

- **Q1** 내가 지금까지 해왔던 일들 중, 더 잘해보고 싶은 일은 무엇인가?
- **Q2** 지속 가능하게 일하기 위해 바꾸거나 그만두어야 할 것은 무엇일까?
- **Q3** 나의 일을 만들어가면서 이렇게도 되고 싶지 않다고 생각하는 '최악의 시나리오'는 무엇일까?

| | | |
|---|---|---|
| 브랜드 만들기 | 조직 비즈니스 | 사업기획·운영 |
| 상아지 양육 일 | 그 때 그 때 일하는 일 | 조직문화 만들기 |
| 내향성 | 생각을 많이 이렇게가 | 방법 / 방식 연구 |

# 1. 내 일의 키워드 수집하기

③ DAY

**Try**

- **Q1** 내가 꿈꾸는 것, 시간이 오래 걸리더라도 이루고 싶은 지향점
- 새롭게 시도해보고 싶은 일은?
- **Q2** 5년, 10년… 먼 미래에도 유지되기를 바라는 내가 좋아하는 내 모습은 무엇일까?
- **Q3** 사람들이 어떤 순간에 나를 떠올리기를 바랄까?

| | | |
|---|---|---|
| 상품·서비스 개발 | 1 month off | 경제·경영 공부 |
| 글 쓰고 정갈하기 | 이상하고 엉뚱한 | ○○사람이고 실현하는 |
| 벤치를 이야기로 싶을 때 | 도움한 사례로 소개할 때 | 명확한 기준이 필요할 때 |

2. 키워드를 마음으로 표현하고 공유하기

### Keep !!!
(은)는 계속해서 유지한다!

- 고객성공 발전하고 다짐한다
- 새로운 비즈니스 제안하기
- 꼼꼼한 문의응답

### Problem !!!
(은)는 보완하고 강화한다!

- 비즈니스 기획운영
- 수익 창출
- 다양한 컨텐츠 만들기

### Try !!!
(은)는 새롭게 시도하고 도전한다!

- 광고영업 경영
- 신청자인 거절사유
- 영상제작 콘텐츠 고도화

3. 나의 분절 알아보기   ③ DAY

① 방식을 찾고 제안

③ 다양한 틀깨기 개발

하는 사람 ② 사람들을 깨우고 공감이는 발명에 관심↑

① 의미를 발견하도록?

PROJECT
ZINE MAKING!

하는 사람 ② 내일의 이야기부터 내 평생의 이야기까지!

③ 지금 만들고 있는 이 책!

PROJECT
졸결 프로젝트들
ex. 언간은 꺼내되면

PROJECT
어그스 설계, 운영
(축제-적)

PROJECT
브랜드 컨셉팅
브랜드의 끝까지를 찾는!

# 1. 나보다 잘 만들고 파르르는 사람들 확인하기

- 선생님이 재미있는 ○ 일이 기발 (이)가 필요한
- 두려워도 운영하지는 사건들 ○ 양창성 (이)가 필요한
- 부지런한 고정감 ○ 꼼꼼함, 끈기, 노력 (이)가 필요한
- 코딩할 줄 아는 ○ 프로그램 활용 기능성 (이)가 필요한
- 리액션 재능 ○ 리액션 재능 (이)가 필요한
- 기억력 변화를 앞두는 사람들 ○ 인터뷰 변화 (이)가 필요한
- 글감사 뉴스 찾는 기능

## 마인드맵

- 장비지
  - 이건시
- 슈퍼노드 스튜디오
- TWM
- 이건 동장지
- 이건 스튜디오
- 리드머
- 온라인 역사교 활용수업
- 고문고

*
*

## 2. 내 콘셉 가지 뻗어가기 (4) DAY

**TARGET**

- 인터넷 별자리가 필요한, 혹은 궁금해 하는 사람들
- 시험 전이나 재미있는 일이, 기회가 필요한 프리랜서들

**PROBLEM**

| 막상 그 레파에 대한 즐길이 있음<br>바꾸고 싶은데 방법을 모르겠다! <br>자신이 모든 결정해야 되는게 두려움 | 기준과 대중받아으로 일하고 싶음<br>인하는 방식에 대한 레퍼런스가 부족<br>안정적에 실행할 수 있는 재안 X |
|---|---|

↑ ↑  ↓ ↓

**SOLUTION**

- 구성원간 소통·교류·활동을<br>이끄는 프로그램 기획<br>
- 내부 성공이 가능한 제안서
- 가치관의 방향을 잘 따라가는 대화
- 일하는 시스템, 방향성 제안
- 실용성이 있다가 방식 시도

**My Character?**

변화의 방식을 구체적으로 제안하고 함께 실행하는 돌파?

3. 나의 일 선언하기  (4) DAY

# I DO...

## Past

① 고객을 행복하게 하는 다정한 _____ 방식 / 태도로

② 아이들이 안심하고 맛있는 만족식을 지어는 _____ 하는 일들을 하고 있다.

## Present

③ 일과 삶을 다르게 생각하고 싶은 _____ 사람들을 위한

④ 변화를 일으키는 시간과 도움을 연결기획 _____ 하는 일을 지속한다.

## Future

⑤ 이상향을 이룩하기 위해 창작, 표현, 교류 _____ 하는 과정을 통해

⑥ 사회를 견고하게 세우는 _____ 역할을 한다.

# 1. 6개월 후의 '나' 상상하기

(5) DAY

6개월 후 내 일을 통해 나는,

___자긍심___ 받___으로 빛남___을 제일
하는 존재로 인식되었으면 좋겠다.

___개성___을 잃지 않는 자기다___움___을 가지고 삶의 일부___
(을)를 가능하게 하는 일을 하고 싶다.

___도약___은 일과 삶의 가능성을 ___열기___
삶은 순간에 내 일이 떠올랐으면 좋겠다.

2. 내 일의 테마 기획하기

앞으로 6개월 내 일의 컨셉에 이름을 붙인다면?

THEME

기획하고 주도하게 재미있어하고
열정을 쏟아 부을 수 있는
일을 고민중

## 3. 학습 메시지 설정하기

앞으로 6개월, 내 일을 통해 전하고 싶은 나에 대한 메시지는?

MESSAGE

"
　　　　김해리　　　　 은

　변화를 만드는 구체적 제기를 제안　 하는 사람이다. "

DAY 5

DO...                                     4. 우선순위 결정하기                                     5 DAY

① 이후 6개월 안에
확실하게 드러내 알릴 것

시기 탐구력
관찰력
다양성

내가 오랫동안 시간을 써왔던 지난 경험과
너무 익숙해서 당연하게 여기던,
내가 이미 가진 것을 써보세요.
이 키워드가 나의 강점이 될 수 있습니다.

② 이후 6개월 안에
에너지를 집중할 것

생각과 사이트의 행태!

제이크
연결하고
방석 · 방향
영감이 되는

나의 일하는 방식이나 태도,
다른 사람들에게 반드 칭찬을 들으며
더욱 잘하고 싶은 것을 써보세요.
이 키워드가 나의 차별점이 될 수 있습니다.

③ 이후 6개월 안에
새롭게 시도할 것

경영을 다양하게보자!

이산학과
전공 학부 연결
다른 사람들이
알기

조금은 막막할지라도,
내가 내 일을 통해 만들고 싶은 장면,
또는 이루고 싶은 것을 써보세요. 이 키워드가
나의 철학이나 지향점이 될 수 있습니다.

# 5. 실행 프로젝트 기획하기

5 DAY

**MY IDENTITY**  남들이 뭐라든 내가 지키고 싶은, 스스로 믿는, 좋아하는 내 모습은 무엇인가요?

예술적 감수성으로 창조적 변화를 이끄는 경험을 기록하는 온라인기록자

**THEME**  내가 앞으로 써나갈 이야기에 제목을 붙인다면 앞으로의 활동 콘셉트를 정해보세요.

표현고임을 바탕으로 이상하고 이물한 경험을 공유하게 제안하기

**MESSAGE**  내가 앞으로 해나갈 일을 통해 '나'에 대해 어떤 메시지를 전하고 싶나요?

"김해리는 변화를 만드는 제기를 구체적으로 제안하는 사람이다."

**KEYWORD**  6개월간 집중하고 싶은 세 가지 우선순위 키워드를 적어보세요.

① 듣하고 실험적인 문학예술 작동하기

② 예가 좋는 방식 상품·서비스화하기

③ 이상하고 아름다운 사람기록하기

**PROJECT LIST**

1. abc zine Project
2. RTO Project
3. 로컬 프로젝트

1. 책출판 · 연계활동
2. 뉴그룹 운영
3. 그녀들 꼬시고

1. 경영·조직운영 공부하기
2. 일하는 방식 기록하기
3. 사양기획 훈련하기

# 6. 나만의 성공지표 만들기

내가 __변화될 읽으키는__ 6개월 후에 이런 일이 생긴다면 사람으로 인식된 것으로 생각하고

나의 작은 성공을 축하하기

## HAPPY MOMENT

어떤 순간이 오면, '내가 원하는 방식으로 일하고 있다고 체감하게 될까요? 나는 어떤 장면을 경험하기를 바라나요? 어떤 순간에 내 마음이 뿌듯할까요?

나의 콘텐츠나 일하는 방식을 통해
삶에 영감이 프로젝트가 시작되고 있을 때!

어떤 일이 벌어지면 나의 바람이 이루어졌다고 판단할 수 있을까요?
아주 어렵지도 않고, 아주 쉽지도 않은 지표를 설정해보세요.

| | |
|---|---|
| 나만의 성공지표 ① | 전에 맞던 프로젝트의 시작 5건 이상! (협업 형태) |
| 나만의 성공지표 ② | 나의 콘텐츠로 인해 변화했다는 피드백 30번 이상 듣기~ |
| 나만의 성공지표 ③ | 온라인 및 강연 수업 매출 total 1,000 만원 이상! |

Congraturation !!!

## 인용한 책과 글

82쪽 ⌝ 김정운 지음, 『바닷가 작업실에서는 전혀 다른 시간이 흐른다』, 21세기북스, 2019, 115쪽
109쪽 ⌝ 말린 쉬위 지음, 김창호 옮김, 『일기 여행』, 산지니, 2019, 41쪽
172쪽 ⌝ 밥 길 지음, 민구홍 옮김, 『이제껏 배운 그래픽 디자인 규칙은 다 잊어라.
이 책에 실린 것까지』, 작업실유령, 2017, 11쪽

169쪽 ⌝ 정지우 페이스북 글

진짜 좋아하는 일을 찾는

## 나와의 워크숍

**초판 발행** ㄹ 2024년 3월 28일

**지은이** ㄹ 김해리
**발행인** ㄹ 이종원
**발행처** ㄹ ㈜도서출판 길벗
**브랜드** ㄹ 리드앤두 READ ⅣDO
**출판사 등록일** ㄹ 1990년 12월 24일
**주소** ㄹ 서울시 마포구 월드컵로 10길 56(서교동)
**대표전화** ㄹ 02)332-0931 | **팩스** ㄹ 02)323-0586
**홈페이지** ㄹ www.readndo.co.kr | **이메일** ㄹ hello@readndo.co.kr

**리드앤두** ㄹ 김민기, 이정, 연정모 | **객원편집장** ㄹ 김보희
**제작** ㄹ 이준호, 손일순, 이진혁
**마케팅** ㄹ 김학흥 | **유통혁신** ㄹ 한준희 | **영업관리** ㄹ 김명자, 심선숙 | **독자지원** ㄹ 윤정아

**디자인** ㄹ 스튜디오 고민 | **교정교열** ㄹ 차재신 | **인쇄 및 제본** ㄹ 금강인쇄

· 리드앤두는 읽고 실행하는 두어들을 위한 ㈜도서출판 길벗의 출판 브랜드입니다.
· 잘못 만든 책은 구입한 서점에서 바꿔드립니다.
· 이 책에 실린 모든 내용, 디자인, 이미지, 편집 구성의 저작권은 ㈜도서출판 길벗(READ N DO)과
  지은이에게 있습니다. 허락 없이 복제하거나 다른 매체에 실을 수 없습니다.

ⓒ 김해리, 2024

**ISBN** 979-11-407-0905-2 03190
(길벗 도서번호 700001)

**정가** 18,000원

---

**독자의 1초까지 아껴주는 길벗출판사**

**(주)도서출판 길벗** | IT교육서, IT단행본, 경제경영, 교양, 성인어학, 자녀교육, 취미실용 www.gilbut.co.kr
**길벗스쿨** | 국어학습, 수학학습, 어린이교양, 주니어 어학학습, 학습단행본 www.gilbutschool.co.kr